AMERICAN
FOOTBALL

D1730560

eter Kränzle · Margit Brinke

AMERICAN
FOOTBALL

verständlich gemacht

COPRESS
SPORT

Bildnachweis

Umschlag:

Peyton Manning / Tennessee

Innenteil:

Brinke, M. / Kränzle, P.: 2/3, 5, 8, 12/13, 14, 20, 23, 25, 31 (2), 35, 36 (oben), 41 (2), 46 (oben), 50, 55, 61, 65, 74/75, 83, 94, 95, 96/97, 100, 101, 102/103, 105

Clemson University
Moriarty, J.: 32, 77
Waldrop, B.: 56, 71

DSF: 22

Florida University: 43

GDITT: 38/39

Georgia Tech
Cheever, M.: 42
Davis, D.: 45

Königsbrunn Ants: 17

NFL Photos: 36 (unten), 84, 87, 89, 91

Sauer, H.: 18/19, 26/27, 28, 29, 46 (unten), 48/49, 53, 59, 60, 72, 78/79, 107, 108, 109, 110/111, 114/115

Umschlagentwurf: Studio Schübel, München
Layout/DTP-Produktion: VerlagsService Dr. Helmut Neuberger
& Karl Schaumann GmbH, Heimstetten
Grafik: Anneli Nau, München

ISBN 3-7679-0552-3

Inhalt

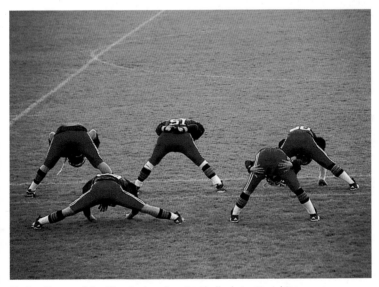

Vorbereitung auf den Einsatz: American Footballer beim Stretching

Huddle up!

Wer einmal vom »Football-Virus« befallen ist, den lässt diese faszinierende Sportart nicht mehr los. Zum Glück sind jene Zeiten längst vorbei, als Akteure und Fans noch müde belächelt wurden und Football als »Exotensport« mit Lederei, praktiziert von harten Männern ohne Geist, galt.

Spätestens seit dem zweiten Anlauf der **NFL Europe** – Tochterunternehmen der berühmten US-Liga **National Football League NFL** ← – im Sommer 1995, hat sich gezeigt, dass American Football in Deutschland keineswegs ein Mauerblümchen-Dasein fristet. Dank der unermüdlichen Arbeit der »Football-Besessenen« in den Vereinen des **AFVD (American Football Verband Deutschland)** und der **NFL Europe** verfügt die Sportart inzwischen über eine stetig wachsende Anhängerschaft und Deutschland gilt sogar als *die* American-Football-Hochburg außerhalb des Mutterlandes der Sportart, den USA.

Das vorliegende handliche Taschenbuch soll allen Sportinteressierten und Footballfans, die sich einen schnellen Überblick verschaffen wollen, als Leitfaden dienen. Zunächst werden die Grundlagen des Spiels, die Ausrüstung und die Akteure vorgestellt, anschließend die Szene im Mutterland USA und in Deutschland geschildert. Ein umfangreiches Glossar und ein Anhang mit Adressen und Webpages rundet die Einführung in den American Football ab.

Die Autoren

PS: Besonderer Dank gilt den Mitgliedern der American Football-Abteilung des TSV Königsbrunn, den ANTS, insbesondere Peter Neuner und Peter Dreher. Seit ihrer Gründung 1983 haben die »Ameisen« ihren Anteil dazu beigetragen, American Football von einer belächelten Randsportart zu einem akzeptierten Teil der Sportszene zu machen.

»American Football ... hat mich Geduld gelehrt, Geben und Nehmen. Aber vor allem hat es mir gezeigt, wie man in einer harten Welt überlebt,« meinte Sam Huff, früher selbst guter Football-Spieler und später Vizepräsident einer großen Hotelkette. Vielleicht ist es genau diese Einstellung, die viele Eltern dazu gebracht hat, ihre Kinder – wohlgemerkt auch Mädchen – American Football spielen zu lassen: Football als Lehrstunde für Durchsetzungsvermögen und Teamgeist – nach dem Motto »Jeder ist auf den anderen angewiesen«. Selbst die gefeierten Stars des Sports vergessen nie, dass sie ohne die Unterstützung ihrer Teamkollegen aufgeschmissen wären und so lädt beispielsweise Brett Favre, **Quarterback** ← der Green Bay Packers, seine **Offense Line** ← als Geste der Dankbarkeit nach jedem Spiel zum Essen ein.

Für Millionen von Amerikaner gleichen die Regeln des American Football denen des Alltags. Hier wie dort kommt es in erster Linie auf zwei Sachen an: Auf das Können des Einzelnen *und* das Zusammenwirken Mehrerer im Team. Es scheint, als träfen beim American Football die beiden »uramerikanischen« Eigenschaften zusammen, die mitgeholfen haben, das riesige Land zu erschließen: Uneingeschränkter Individualismus, der jedem seine Chance gibt und bei entsprechendem Einsatz zum Erfolg, im gegenteiligen Fall aber auch rasch zum Absturz führen kann, und Teamgeist. Dieser sorgt dafür, dass sich der Einzelne einem gemeinsamen Ziel unterordnet und die ihm zugeteilte Rolle im großen Räderwerk übernimmt. Teamgeist und Talent sind Eigen-

Konzentrationsvermögen und Teamgeist sind Grundeigenschaften eines American Footballers

schaften, die ein American-Footballer mitbringen muss, aber nicht die einzigen: Kraft und Kondition, Kampfgeist und Konzentrationsvermögen spielen daneben wichtige Rollen.

Dass die erwähnten Eigenschaften natürlich nicht amerikanischen Staatsbürgern vorbehalten sind, beweist die Begeisterung, die American Football in zunehmendem Maße an anderen Orten der Welt entgegengebracht wird, besonders in Japan und Deutschland. In diesen beiden Ländern ist die Fan- und Aktivengemeinde in den letzten Jahren enorm gewachsen und sie haben sich zu den wichtigsten Hochburgen außerhalb den USA entwickelt.

Zum Glück sind jene Zeiten, in denen American Football hierzulande als »Randsportart« belächelt und mit dem Etikett »brutal und exotisch« versehen wurde, vorbei. Wenn die deutschen Teams der **NFL Europe** – die in Europa angesiedelte Nachwuchsliga der NFL – spielen, pilgern regelmäßig weit über 20 000 Fans in die Stadien, und auch die Topspiele der deutschen Bundesliga **GFL (German Football League)** locken Tausende begeisterter Zuschauer an. Dabei ist Football hierzulande gerade einmal ein Vierteljahrhundert alt: Erst durch die in Deutschland stationierten US-Soldaten und durch den zunehmenden USA-Tourismus erlebt der uramerikanische Sport seit den späten 1970ern einen Boom.

Was ist American Football?

Doch nun zum Spiel selbst und seinen Regeln, die natürlich in einem Band wie dem vorliegenden nur in ihren Grundzügen dargestellt werden können. Wer erstmals ein American-Football-Spiel sieht, schüttelt verwundert den Kopf über das scheinbare Durcheinander auf dem Rasen. Man möchte kaum glauben, dass die jeweils elf gepolsterten Giganten, die da auf dem Spielfeld aufeinander losgehen, irgendwelchen Regeln folgen. Doch genau das ist der Fall und über ihre Ein-haltung wachen gleich sieben Schiedsrichter, die

Officials ← (siehe Kapitel »Die Akteure«), gekleidet in weiße wadenlange Hosen und schwarz-weiß längsgestreifte Hemden.

Begeht ein Spieler eine Regelwidrigkeit, werfen sie ein gelbes Tuch, die »Flag«, auf den Spielfeldrasen. Nach kurzer Rücksprache gibt der Hauptschiedsrichter, erkennbar an der weißen Kappe, laut – in den Topligen über das Stadion-Mikrophon – die Art des Vergehens und die Strafe kund.

»Schach auf dem Rasen« nennen es die einen, »Krieg auf dem Rasen« abschätzig die anderen. Und wie so oft, steckt in beiden Behauptungen ein wahrer Kern. Wie in keiner anderen Sportart wird im American Football jeder Spielzug genauestens einstudiert und der Situation entsprechend vom Cheftrainer bekannt gegeben. Während seine Spieler versuchen, die Anweisungen umzusetzen, bemüht sich die verteidigende Mannschaft, an der Aufstellung des Gegners zu erkennen, welche Aktionen zu erwarten sind. Eine ganze Reihe von Assistenztrainern ist damit betraut, den Überblick zu bewahren; einige von ihnen verfolgen das Spiel von hoch oben auf den Rängen und melden über Funk ihre Beobachtungen an den Trainer weiter.

Die Akteure der angreifenden Mannschaft versuchen, angeführt vom **Quarterback** ← (Spielmacher), die Theorie auf dem Spielfeld in die Praxis umzusetzen. Vor jedem Spielzug stellen sich die Angreifer um den Quarterback im Halbkreis, dem **Huddle** ←, auf und erhalten Weisung, wie der nächste Spielzug auszusehen hat. Obwohl nur verschlüsselte Wort-Zahlen-Kombinationen ausgetauscht werden, weiß jeder sofort Bescheid, welcher Spielzug gemeint ist und welche Rolle er selbst dabei zu übernehmen hat. Schließlich verfügt jedes Team über ein dickes Buch mit allen Spielzügen; sie werden zu Saisonbeginn erstellt und einstudiert.

Das Spielfeld

Ein American-Football-Spielfeld ist leicht von anderen zu unterscheiden, denn derart viele Linien auf dem Rasen gibt es in keiner anderen Sportart. Diese Eigentümlichkeit hat zum Spitznamen des Spielfelds geführt: Wegen der parallelen Linien in regelmäßigen Abständen nennen es die Amerikaner auch **Gridiron** ← (Bratrost).

Spielfeldmaße

Gespielt wird American Football auf einem rechtecki-
gen Spielfeld. Die reine Spielfläche ist 100 yards (91,44
m) lang. Mit jeweils einer **Endzone** ← von 10 yards (9,14
m) an den beiden Schmalseiten ergibt es eine Gesamt-
länge von 120 yards (109,73 m). Die Breite beträgt 53
yards (48,46 m). In Deutschland wird in der Regel auf
Fußballplätzen gespielt, so dass sich ein Spielfeld von

*Auf dem »Gridi-
ron« ist ange-
richtet und die
Fans der Oak-
land Raiders
warten ge-
spannt auf den
Anpfiff*

100 Meter Länge und 50 Meter Breite ergibt. Hierzulande wird der Einfachheit halber ein Yard mit einem Meter gleichgesetzt.

Die Endzonen

Von jeder der beiden Null-Linien, der **Goalline** ←, die der Torlinie im Fußballfeld entspricht, wird ein 10 Yards bzw. Meter tiefes Zusatzareal zum Spielfeld gerechnet, die sogenannte **Endzone** ←. In sie muss die angreifende Mannschaft den Ball tragen um zu punkten. Da den Endzonen große Bedeutung zukommt, markieren außer Linien fluoreszierende Pylone (Schaumstoff oder leichter Kunststoff) ihre vier Ecken. Hinter jeder Endzone steht ein gabelförmiges metallenes Torgestänge, bestehend aus einem galgenartigen, nach vorne ge-

*Nummern-
tafeln
markieren
klar die 10-
Meter-Linien*

schwungenen Mittelpfosten, der im unteren Teil dick gepolstert ist, und einer Querlatte, deren Oberkante sich 10 Feet (3,05 m) über dem Boden befindet. An den Enden dieser Strebe ragen zwei Torpfosten im Abstand von 18 Feet 6 Inches (5,64 m) – in Deutschland sind zwischen 5,55 und 7,30 m Abstand erlaubt – 30 Feet (9,14 m) nach oben. Die Querlatte schließt mit dem hinteren Rand der Endzone ab.

Die 10-Meter-Linien

Das Spielfeld wird in Längsrichtung in Zonen von je 10 Yards/Meter Länge eingeteilt und mit Nummern versehen. Alle 5 Yards/Meter

Endzone
Diese Zone muss erreicht werden, damit eine Mannschaft punkten kann. Es ist eine 10 Yards breite Zone, die sich an beiden Enden des Spielfeldes zwischen Goal Line und End Line befindet.

Goalline
ist die Grenze zwischen Spielfeld und Endzone

Restraining Line
Hinter dieser gelben Linie müssen sich alle aufhalten, die nicht am Spiel teilnehmen.

Teamzone
in diesem Areal müssen sich die Spieler aufhalten, die gerade nicht am Spielgeschehen teilnehmen sowie Trainer und Betreuer.

Sidelines
Begrenzen das Spielfeld zu den Seiten.

′ = Feet (30,5 cm)
″ = Inches (2,54 cm)

Endline
Zeigt das Ende jeder Zone an und befindet sich 10 Yards hinter der Goal Line

Hashmarks
Sind in Abständen von einem Yard gesetzt und helfen den Schiedsrichtern, den Ball richtig zu positionieren.

Field Numbers und Yard Lines
Ein NFL -Feld- ist in 5-Yard-Räume unterteilt. Die Field Numbers erscheinen alle 10 Yards. Kleine weiße Pfeile zeigen die Richtung zu der jeweils näheren End Zone an.

wird eine weitere 4 Inches (10,16 cm) starke Linie gezogen, so dass der erwähnte »Grillrost« entsteht. Die Mittellinie ist die 50-Yard/Meter-Linie und von ihr aus wird in beide Richtungen nach unten gezählt: So folgen beidseitig der Mittellinie die 40-Yards/Meter, dann 30 usw. Das eigentliche Spielfeld wird durch die 0-Yards/Meter-Linien oder **Goalline** ← von der **Endzone** ← abgetrennt. Damit die Markierungen gut erkennbar sind, stehen neben den Linien entweder die Zahlen auf dem Gras oder werden am Spielfeldrand durch Marker angegeben.

Die Hashmarks

In einem Abstand von 12 Yards (12 m, die Maße variieren zwischen Profi- und sonstigen Ligen) von den beiden Seitenlinien (Sidelines) gemessen, laufen zudem zwei Linien der Länge nach durch das Spielfeld, die sogenannten Hashmarks. Sie werden nicht durchgezogen, sondern nur durch kurze Striche angedeutet. Im Abstand von einem Yard/Meter gesetzt, helfen sie den Schiedsrichtern, den Ball nach einer Aktion wieder richtig zu platzieren. Wer das Spielfeld genau betrachtet, wird noch zwei weitere kurze Linien entdecken: Jeweils drei Meter vor der **Endzone** ←, parallel zur **Goalline** ← genau in der Mitte, ist eine meterlange Linie aufgezeichnet. Von hier startet die Mannschaft, die einen **Touchdown** ← erzielt hat, ihren Zusatzversuch.

Die Teamzone

Alle Spieler, die nicht zu den elf Akteuren auf dem Feld gehören, Trainer und Betreuer müssen sich in einer markierten Zone an der Seitenlinie aufhalten, der sogenannten Teamzone. Die zwei Teamzonen befinden sich auf beiden Seiten des Spielfeldes zwischen den beiden 32-Yard/Meter-Linien.

Der Spielablauf

Beim American Football geht es darum, einen eiförmigen Lederball in die **Endzone** ← zu tragen. Um dieses Ziel zu erreichen bzw. den Gegner daran zu hindern, wird jede Mannschaft in ein Angriffs- (**Offense** ←) und ein Abwehrteam (**Defense** ←) mit jeweils elf Spielern unterteilt. Ausgewechselt werden darf dabei während Spielunterbrechungen beliebig. Die Offense versucht durch Laufen und Passen den Ball in die Endzone des Gegners zu transportieren, während der Defense die eigene Endzone verteidigt (siehe auch Kapitel »Die Akteure«).

Nächste Seite: Der Running-back der Berlin Thunder versucht mit einem rasanten Lauf den Ball in die Endzone zu tragen

Kickoff

Mit dem **Kickoff** ← an der »eigenen« 35-Yard/Meter-Linie beginnt das Spiel: Der **Kicker** ← der zuvor gelosten Mannschaft schießt den Ball von einer kleinen Plastikhalterung, die auf der Linie befestigt wird, mit dem Fuß in die Spielhälfte des Gegners. Dort wird der Ball von einem Gegenspieler gefangen und dieser versucht, ihn soweit möglich in die Gegenrichtung zu tragen. An der

Mit dem Kickoff an der 35-Meter-Linie beginnt das Spiel

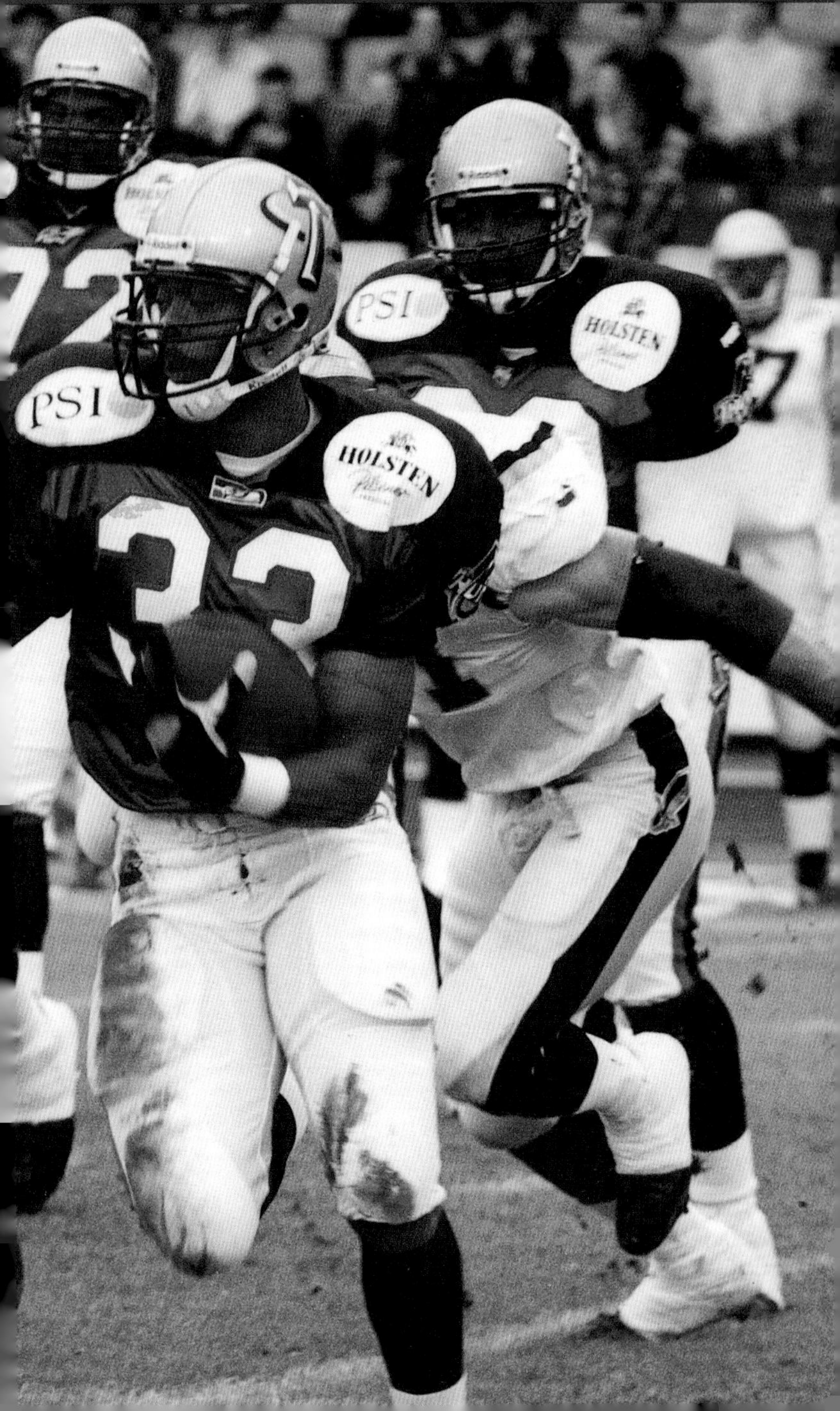
PSI
HOLSTEN
PSI
HOLSTEN
33

Der Snap ist erfolgt und der Ballträger sucht eine Lücke, um Raum zu gewinnen

Stelle, an der der Ballträger zu Fall gebracht wird, startet seine Mannschaft den ersten von vier Versuchen, die zum Ziel haben, den Ball über 10 Yards bzw. 10 Meter vorwärts zu tragen oder zu werfen.

Der Snap

Bevor der Ball ins Spiel kommt, nachdem der Schiedsrichter das Signal zur Freigabe gegeben hat, stehen sich **Offense** ← der einen und **Defense** ← der anderen Mannschaft an der **Line of Scrimmage** ← gegenüber. Beim **Snap** ← reicht der **Center** ← den Ball durch seine gespreizten Beine hindurch nach hinten zum **Quarterback** ← , der den Spielzug einleitet.

Downs und Touchdowns

First, Second, Third und Fourth **Down** ← heißen die vier Versuche, die der **Offense** ← zur Verfügung stehen, um zehn Yards/Meter mit dem eiförmigen Ball zu überbrücken. Das kann entweder mit Ballträgern oder durch einen Pass des **Quarterbacks** ← auf einen der Fänger geschehen. Gelingt es der angreifenden Mannschaft, erhält sie vier neue Downs und rückt weiter vor, ansonsten wechselt das Angriffsrecht und die bislang verteidigende Mannschaft greift an. Das Ziel der Angreifer ist, den Ball in die gegnerische **Endzone** ← zu befördern und so einen **Touchdown** ← zu erzielen. Für diese gelungene Aktion werden der Offense sechs Punkte gutgeschrieben.

Ein **Touchdown** ← kann auf folgende Weise erzielt werden:

• Ein Spieler der **Offense** ← läuft mit dem Ball in die **Endzone** ←.
• Ein Spieler der Offense kann den ihm zugepassten Ball in der Endzone fangen (beide Beine müssen dabei die Endzone berühren).
• Ein Spieler der **Defense** ← schnappt sich einen freien Ball (nach einem **Fumble** ←) oder fängt einen Pass eines Angreifer ab und läuft damit in die gegnerische Endzone.

PAT und Conversion

Nach erfolgtem **Touchdown** ← kann die angreifende Mannschaft sich noch einen Bonus verdienen. Eine Möglichkeit ist, dass der **Kicker** ← in Aktion tritt und versucht, den Ball über das Torgestänge zu schießen. Dabei wirft der **Center** ← von der 3-Yards/Meter-Linie dem **Holder** ←, der an der 10-Yards/Meter-Linie kniet, den Ball zu, dieser setzt ihn auf den Boden auf und lässt den Kicker schießen. Die ganze Aktion läuft innerhalb weniger Sekunden flüssig ab, denn schließlich versucht die Abwehr den Schuss abzublocken. Gelingt es dem Kicker, den Ball über dem Gestänge zu platzieren, gibt es einen Bonuspunkt **(Point after Touchdown oder PAT ←)**. Als Alternative zum Torschuss kann auch ein neuer Spielzug von der 3-Meter/Yard-Linie aus gestartet werden, um so den Ball noch einmal in die **Endzone** ← zu befördern: Für diese Aktion gibt es zwei Zusatzpunkte und man spricht von einer **Conversion** ←.

Im Idealfall kann man mit einem Touchdown also acht Punkte erzielen; gelingen PAT oder Conversion nicht, bleibt es bei sechs Punkten.

Fourth Down

Beim **Fourth Down** ← hat die angreifende Mannschaft verschiedene Optionen, die in erster Linie von der Entfernung zur gegnerischen oder eigenen **Endzone** ← abhängen: **Punt** ← , vierter Versuch oder **Fieldgoal** ← (siehe unten).

Der Lauf des Ballträgers der Greenbay Packers wird hier jäh gestoppt

Befindet man sich noch in der eigenen Spielhälfte und bestehen kaum Chancen, die erforderlichen 10 Yards/Meter noch zu schaffen, übergibt man dem Gegner den Ball mit einem Punt. Dabei wird der Ball vom Punter mit dem Fuß möglichst weit in die andere Hälfte geschossen, wo ihn der Gegner wie beim **Kickoff** ← fängt und zurückträgt. Wo er zu Boden geht, beginnt der Gegner dann mit seinen eigenen vier Versuchen.

Steht die angreifende Mannschaft vor dem vierten Versuch schon nahe der gegnerischen **Endzone** ← , kann sie versuchen, die noch auf zehn fehlenden Yards/Meter im vierten Versuch zu überbrücken. Das wird meist dann praktiziert, wenn es sich nurmehr um wenige Zentimeter oder einen Meter handelt. Das Risiko dabei ist, dass bei Nichtgelingen der Gegner an der Stelle, wo man gescheitert ist, den Ball übernimmt.

Fieldgoal

Ein **Fieldgoal** ← zu versuchen, bietet sich immer dann an, wenn es zu riskant wäre, im vierten Versuch den benötigten Raumgewinn »regulär« zu erreichen, andererseits aber die **Endzone** ← schon nah ist. Dazu schickt die **Offense** ← ihren **Kicker** ← aufs Spielfeld. Wie beim **PAT** ← wird der Ball platziert und der Kicker schießt ihn mit dem Fuß in Richtung Tor. Falls es ihm gelingt, den Ball zwischen die Pfosten und über die Querstange zu kicken, werden seinem Team drei Punkte gutgeschrieben.

Interception und Fumble

Natürlich versucht die jeweils abwehrende Mannschaft, das Vorrücken des Gegners zu verhindern. Gelingt ihr das, geht der Ball an sie über und sie erhält Gelegenheit, Boden gut zu machen und zu punkten. Die Abwehr kann jedoch auch regelgerecht während der

Pech für die Offense: Interception und damit Wechsel des Angriffsrechts

Angriffe des Gegners in Ballbesitz kommen oder sogar selbst punkten. In Ballbesitz gelangt man auf zweierlei Art: durch eine **Interception** ← oder eine **Fumble Recovery** ←. Ersteres ist ein von einem Verteidiger abgefangener Pass der angreifenden Mannschaft. Von Fumble spricht man, wenn der balltragende Angreifer den Ball unbeabsichtigt fallen lässt. Dann ist der Ball frei und wer ihn als Erster zu fassen bekommt (Fumble Recovery), dessen Mannschaft ist mit dem Angreifen am Zuge. Kann ein Verteidiger den Ball ohne gegnerische Berührung aufnehmen, darf er sogar selbst sofort versuchen, die gegnerische **Endzone** ← zu erreichen und einen **Touchdown** ← zu erzielen. Ähnlich verhält es sich bei einer Interception.

Der Safety

Die Verteidigung (**Defense** ←) kann auch auf andere Art, ohne in Ballbesitz zu sein, punkten: mit einem **Safety** ←. Dabei muss es einem Verteidiger entweder gelingen, den Ballträger der angreifenden Mannschaft in deren eigener **Endzone** ← zu **tackeln** ←. Oder ein abgeblockter **Punt** ← bzw. **Kick** ← rollt in die Endzone des angreifenden Teams und über die End- oder Seitenlinie aus dem Spielfeld. Dafür erhält die verteidigende Mannschaft zwei Punkte.

Die 10-Meter-Kette und die Chain Crew

Ein neuer **Down** ← beginnt dort, wo die angreifende Mannschaft zuletzt von der Verteidigung gestoppt wurde. Damit man einerseits weiß, wie viele Yards/Meter schon zurückgelegt wurden, und andererseits, um welchen Versuch es sich handelt, gibt es am Spielfeldrand Schiedsrichterassistenten. Sie sind verantwortlich für eine exakt 10 Yards/Meter lange Metallkette, an deren Enden Stangen befestigt sind. Die eine davon wird an der Anspiellinie aufgesetzt, die andere markiert das Ziel, d. h. die 10 Yards/Meter. Allein die Spitze des Balles muss darüber hinausragen, damit es einen

neuen **First Down** ← gibt. Ein dritter Assistent der sogenannten **Chain Crew** ← steht zwischen den beiden
Stangen der straff gespannten Kette und hält nicht nur
eine Tafel mit dem derzeit anstehenden Down (1, 2, 3
oder 4), sondern steht zugleich genau auf der Höhe, wo
der nächste Spielzug beginnt. Wichtig ist diese Meter-
kette als Orientierungshilfe nicht nur für die Schiedsrichter, sondern auch für Spieler, Trainer und Zuschauer.

*Die drei
Schiedsrichter-
assistenten der
Chain Crew
haben
Aufstellung
genommen*

Ende eines Spielzuges

Ein Spielzug oder **Down** ← endet durch den Abpfiff
eines Schiedsrichters und der Ball gilt dann als »tot«.

Der Hauptschiedsrichter pfeift einen Spielzug ab,
wenn

- die Angreifer einen **Touchdown** ←, ein **Field Goal** ←
  oder einen **Safety** ← erzielen konnten, also gepunk-
  tet haben;
- der Ballträger durch ein **Tackling** ← gestoppt wurde,
  d. h. zu Boden geht;
- der Ballträger oder der Ball die Seitenlinie über-
  schreiten;
- der Ball nach einem Pass den Boden berührt, ehe er
  von einem Spieler gefangen werden konnte;

*Nächste Seite:
Nach dem
Einsatz lässt
ein Spieler der
Berlin Thunder
seine Aus-
rüstung über-
prüfen*

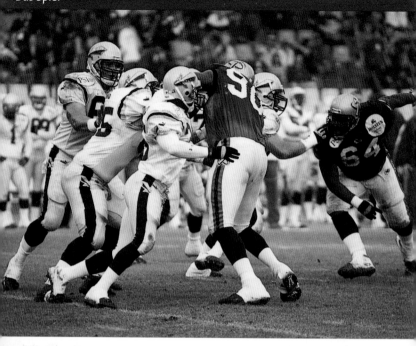

Blocken und Tackeln gehören zum erlaubten Körpereinsatz

- der Ball nach einem **Punt** ← oder **Kickoff** ← auf dem Spielfeld zu liegen kommt, ohne dass ihn ein Spieler berühren konnte.

Blocken und Tackeln

Schon beim ersten Spielzug wird eines klar: Beim American Football darf man – wenn auch in genau fixierten Grenzen (siehe Kapitel »Die Akteure«) – richtig zupacken. Maßgebend sind dabei zwei Grundregeln: Die Angreifer dürfen einen Gegner nicht mit den Händen umwerfen, sondern müssen mit ihrem Körper bzw. ausgestreckten Armen »blocken«. Auf diese Weise werden Verteidiger weggedrückt, am Vorwärtskommen gehindert oder dem balltragenden Mitspieler eine Gasse freigeblockt. Ein Defensespieler darf hingegen härter hinlangen: Er kann den gegnerischen Ballträger mit Händen und Körper »tackeln«, d. h. packen und umwerfen. **In keinem Fall erlaubt ist Festhalten.**

Die Spielzeit

Ein American Football-Spiel geht über 60 (**NFL** ← und College) bzw. 48 Minuten (Amateure) reine Spielzeit. Diese wird in viermal 15 bzw. 12 Minuten, in sogenannte **Quarter** ←, unterteilt. Nach den beiden ersten Quarters, also nach 30 bzw. 24 Spielminuten, gibt es eine Halbzeitpause. Dass ein Spiel jedoch meist doppelt so lange dauert, liegt daran, dass die Uhr nach gewissen Unterbrechungen – beispielsweise wenn der Ball ins Seitenaus geht oder der Hauptschiedsrichter eine offizielle Unterbrechung nach einem Regelverstoß anzeigt – angehalten wird. Die Mannschaft, die am Ende die meisten Punkte erzielt hat, ist Sieger. Bei einem Unentschieden wird um maximal 15 Minuten verlängert, doch gilt dann das Prinzip des »Sudden Death«, d. h. wenn eine Mannschaft punktet ist Schluss. Gelingt dies keiner der beiden Teams in der vorgegebenen Zeit, wird die Partie als Unendschieden gewertet.

Ein Verteidiger von Rhine Fire tackelt einen gegnerischen Ballträger

Die Ausrüstung

Wie Eishockey ist American Football ein soge-
nannter »Kontaktsport«, d. h. Körpereinsatz ist we-
sentlicher Bestandteil. In der Tat prallen die Spieler
bei vielen Aktionen mit voller Wucht aufeinander
und auch das **Tackeln** ← und **Blocken** ← des Gegners sieht nicht eben sanft aus. Verletzungen
wären vorprogrammiert, gäbe es nicht zum Schutz
der Spieler eine mehrteilige Ausrüstung. Bevor die
Spieler aufs Spielfeld laufen, sind erst einmal rund
10 kg an Schutzausrüstung anzulegen. Und noch
etwas unterscheidet American Football von anderen Ballsportarten: das Spielgerät. Es ist kein run-
der Ball, sondern ein spitz-ovaler, der an einen
Rugby-Ball erinnert.

Inzwischen sind die Tage längst vorbei, als sich Spieler
noch selbst ihre Ausrüstungen bastelten. Hightech-
Ausrüstung ist Standard und das Regelwerk des American Football schreibt sogar die Details der Schutzausrüstung vor. Unterschieden wird dabei zwischen Pflicht-
(Mandatory Equipment) und optionaler Ausrüstung
(Optional Equipment), wobei ein Komplettsatz zwischen 500 und 1000 Euro kostet. Hinter dem massig
wirkenden Muskelprotz kann sich oft ein eher schmäch-
tiger Junge verbergen, denn gerade die Schulterpolster
oder »Pads« – was jegliche Art von Polstern bezeichnet
– machen die Form aus, täuschen Breite und Muskeln
vor, wo eventuell gar keine sind.

Der Ball

»Die Pille für den Mann« lautete eine geschickte Wer-
bekampagne für American Football. Pille? Damit be-

zeichnet man hierzulande gern den ovalen Lederball. Die Amerikaner haben ebenfalls Spitznamen für den Football: »Pigskin« ist der gängigste. »Schweinehaut« bezieht sich dabei aber heute eher auf die Farbe, denn hergestellt werden die Bälle längst aus hochwertigem Rindsleder. Das Leder als Außenhaut birgt im Inneren eine Gummiblase, die prall mit Luft gefüllt ist.

Oben links: »Pille« oder »Pigskin« – der American Football ist kein »normaler« Ball

Oben: Ohne Schutzhelm geht im American Football nichts

Der Ball hat eine Länge zwischen 10 $^7/_8$ und 11 $^7/_{16}$ Inches (27,62–29,05 cm), längs einen Umfang zwischen 27 $^3/_4$ und 28 $^1/_2$ Inches (70,48–72,39 cm) und misst um den »Bauch« zwischen 20 $^3/_4$ und 21 $^1/_4$ Inches (52,70–53,97 cm). Das Gewicht darf zwischen 14 und 15 Ounces (396,9–425,25 g) liegen.

Hauptlieferant ist die amerikanische Firma Wilson, die seit 1941 zudem den offiziellen Spielball der **NFL** ← herstellt. Ein Lederball kostet derzeit zwischen 80 und 100 Euro; einen Trainingsball aus Kunststoff erhält man schon für die Hälfte.

Der Helm

Ohne Schutzhelm ist American Football nicht vorstellbar, er ist der wichtigste Teil der Ausrüstung. In den Kindertagen des Sports waren die Helme noch aus gepolstertem Leder gefertigt, heutzutage bestehen sie aus bruchfestem Hartkunststoff. Im Inneren des Helms sind Luftpolster eingebaut, die individuell an die Kopfform des einzelnen Spielers angepasst werden können. Vorteil dieser Luftpolster ist, dass sie bei Aufprall sofort reagieren und Stöße effektiv abfangen. Zum Helm gehört ein Gesichtsgitter aus Metall (**Facemask** ←), das verschiedene Formen aufweisen kann. Spieler, die gute Sicht und Beweglichkeit benötigen – **Quarterback** ←, **Runningbacks** ←, **Receiver** ←, **Kicker** ←, **Punter** ←, **Cornerbacks** ← und **Safeties** ← – wählen ein offenes Gitter ohne viele Verstrebungen. Line-Spieler dagegen, die besonders hartem Körperkontakt ausgesetzt sind, ziehen dichtere Gitter mit Längsverstrebungen vor. Schließlich darf ein Mundschutz nicht fehlen, der Zunge und Zähne bei einem Aufprall schützt. Auf dem Kopf gehalten wird der Helm durch einen Kinnriemen, der an vier Punkten am Helm befestigt ist.

Rund 10 kg Schutzausrüstung verleihen selbst dem Schmächtigsten eine imposante Figur

Der Körperschutz

Der Körperschutz besteht aus einer Reihe verschiedener Teile, die nachfolgend näher vorgestellt werden sollen.

Schulterpolster

Die Schulterpolster (Shoulderpads) sind außer dem Helm wichtigster Bestandteil der Pflichtausrüstung. Dabei trägt nicht jeder Spieler dieselbe Pads-Form. Je nach Spielposition gibt es große Polster (**für Linemen** ←) und kleinere, die mehr Bewegungsfreiheit lassen. Die Shoulderpads, die den harten

Aufprall beim Körperkontakt abfangen sollen, bestehen aus einer mehrteiligen Kunststoffschale und einer Polsterung in Gestalt eines »Jäckchens«, das vorne verschnürt wird. Für das kantige Aussehen eines Spielers sorgen die zusätzlich an der Schulter aufgesetzten Schutzklappen.

Hosen, Unterleibsschutz und sonstige Schutzpolster

Der Unterleibsschutz ist neben Helm und Schulterpolstern ein dritter wichtiger Teil der Pflichtausrüstung. Dabei ist das Suspensorium, der Tiefschutz in Form einer Hartplastikschale, optional, wird aber in Europa meist getragen. Die Hosen (Pants) mit Gürtel bestehen aus Kunstfaser-Gewebe, reichen bis knapp unters Knie und verfügen über mehrere Taschen. Diese nehmen weitere Schutzpolster auf: Pflicht sind Knie- und Oberschenkel-Pads, vorgeschrieben sind zudem Hüft- und Steißbeinschutz, die sich je nach Spielposition in der Größe unterscheiden. Dazu kommen können außerdem Arm- oder Ellbogenschützer, Schienbein- oder Rippenschützer sowie ein Nierenschutz, der oft in den Hüft-Pad eingearbeitet ist.

Handschuhe

Line-Spieler und **Wide Receiver** ← tragen oft spezielle Handschuhe. Bei letzteren dienen die dünnen Handschuhe bei schlechten Witterungsbedingungen dazu, das Fangen des schlüpfrigen Balls zu erleichtern. Dagegen sind die Handschuhe der Line-Spieler an Handballen und Oberseite gepolstert, stützen das Handgelenk und schützen vor Verletzungen beim **Tackeln** ← bzw. **Blocken** ←.

Trikots und Nummern

Wie in anderen Ballsportarten verfügt jede American Football-Mannschaft über zwei Sätze Trikots in den Vereinsfarben, je ein Satz dunkel und hell. Es handelt sich meist um Netzhemden aus Synthetikstoff, der sich durch große Reißfestigkeit auszeichnet. Dabei dürfen die Trikots nicht zu groß getragen werden um dem Gegner nicht unnötig viel »Angriffsfläche« zu geben. Das ist auch ein Grund dafür, dass die Hosen wie eine zweite Haut geschnitten sind.

Für das Anbringen von Namen und Nummern auf dem Trikot gibt es feste Vorschriften. Die Zahlen müssen sich farblich deutlich von den Trikots abheben und vorne mindestens 8 Inches (20,32 cm), hinten 10 Inches (25,4 cm) groß sein. Die Nummernvergabe erfolgt nach einem festgelegten System und dieses lässt leicht erkennen, welche Position der Akteur im Team innehat.

Nummerierungs-Systeme

der NFL ←:

- 1 bis 19   = **Quarterbacks** ← und **Kicker** ←
- 20 bis 49   = **Running-** und **Defense Backs** ←
- 50 bis 59   = **Center** ← und **Linebacker** ←
- 60 bis 79   = **Defense Linemen** ← und innen spielende **Offense Linemen** ←
- 80 bis 89   = **Wide Receiver** ← und **Tight Ends** ←
- 90 bis 99   = **Defense Linemen** ← und **Linebacker** ←

bei Amateuren:

- 1 bis 49   = Quarterbacks, Kicker, Running und Defense Backs
- 50 bis 59   = Center
- 60 bis 99   = **Guards** ←
- 70 bis 79   = **Tackles** ←
- 80 bis 99   = Wide Receiver und Tight Ends

Schuhe

Für American Football sind eigene Schuhe entwickelt worden, wobei es zusätzlich je nach Spielposition unterschiedliche Modelle gibt. Grundsätzlich müssen die

Schuhe festen Stand und schnellen Antritt ermöglichen. Anders als Fußballschuhe haben Football-Schuhe eine feste Noppensohle, Schraubstollen sind nicht zugelassen. An der Schuhspitze befindet sich eine zusätzliche Noppe, die schnellen Start ermöglicht, daneben gibt es auch Schuhe mit Randnoppen, die den Line-Spielern festen Tritt geben sollen. Spieler, die beweglich sein müssen, tragen »Low Cuts«, flach geschnittene, **Runningbacks** ← und **Linebacker** ← dagegen »Mid Cuts«, halbhohe, und Line-Spieler in der Regel »High Cuts«, hoch geschnittene Schuhe.

Vor dem Spiel kontrollieren die Schiedsrichter die Ausrüstung der Spieler

Schiedsrichter-Ausstattung

Als Bekleidung tragen Schiedsrichter weiße, knielange Hosen mit zwei Gesäßtaschen. In einer davon steckt die sogenannte Flag, ein gelbes Tuch in Taschentuch-Größe. Um eine Regelwidrigkeit anzuzeigen, wirft der Schieds-

*Weiße knielan-
ge Hosen und
schwarz-weiß
gestreifte
Hemden kenn-
zeichnen die
Schiedsrichter*

richter sie an die Stelle, an der sich der Verstoß ereignet hat. Zudem tragen die **Officials** ← lange weiße Socken und darüber schwarze Stutzen. Ein schwarz-weiß-gestreiftes Hemd und eine schwarze Schirmmütze komplettieren das Outfit; der Hauptschiedsrichter (Referee) trägt zur Unterscheidung eine weiße Cap.

*Letzte
Aufmunterung
vor dem
Einsatz:
Schiedsrichter
im Huddle*

Auf den ersten Blick sehen American Footballer alle gleich aus – imponierend mächtig, dick gepolstert und behelmt. Sieht man allerdings genauer hin, stellt man rasch fest, dass es kaum eine andere Sportart gibt, in der so unterschiedlich gebaute Spieler zum Einsatz kommen. Das Spektrum reicht von Kolossen, die an verkleidete Sumo-Ringer erinnern, bis hin zu schmächtigen Cracks, die keinen ernsthaften Windstoß auszuhalten scheinen. So gesehen ist American Football beileibe nicht den »starken Jungs« vorbehalten und es sind nicht Kilos und Muskeln, die zählen, sondern Kondition, Disziplin, Kampfgeist, Konzentrationsvermögen und Teamgeist.

Nur als Einheit kann eine American-Football-Mannschaft Erfolg haben und Starallüren sind fehl am Platz. Jeder Spieler hat seine spezifische Aufgabe zu erfüllen, vom **Quarterback** ← , dem Spielmacher, der für die Umsetzung der Spielzüge zuständig ist, über die Ballträger **(Runningbacks** ←**)** und -fänger **(Wide Receiver** ←**)** bis hin zu **Blockern** ←, Abwehrspielern und **Kickern** ←.

Die Offense

Im Mittelpunkt des Zuschauerinteresses steht die **Offense** ← einer Mannschaft. Schließlich ist sie es, die durch Laufen oder Passen den Ball in die gegnerische **Endzone** ← bringt und damit punktet. Dabei kommen unzählige Pass- und Laufspielzüge zum Einsatz – sie füllen ein ganzes Buch, das sogenannte Offense-Playbook (siehe unten). Jeder der elf Angreifer – eingeteilt in **Of-**

Nächste Seite: Vor so großartiger Kulisse wie hier im Georgia Dome in Atlanta geben die Akteure gern ihr Bestes

fense Line ← und **Backfield** ← – muss die Spielzüge auswendig beherrschen und wissen, welche Rolle ihm dabei jeweils zukommt.

Spieler der Offense

An der Anspiel-Linie **(Line of Scrimmage ←)** stehen sieben Spieler der **Offense** ←: die fünf Spieler der **Offense Line** ← sowie zwei **Ends, Tight und Split End** ←, die beide zugleich Passempfänger sind. Den Spielzug leitet der hinter der Offense Line stehende **Quarterback** ← ein, dem weitere drei Spieler im **Backfield** ← (Runningbacks bzw. Wide Receiver) assistieren. Fehlt einer der sieben Spieler der angreifenden Mannschaft an der Line of Scrimmage, handelt es sich um eine **Illegal Formation** ←, die fünf Yards/Meter Raumverlust als Strafe nach sich zieht.

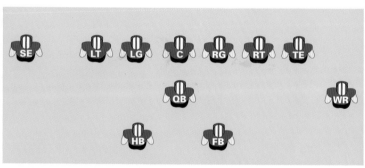

Angriffsaufstellung: WR = Wide Receiver, LT = Left Tackle, LG = Left Guard,
C = Center, RG = Right Guard, RT = Right Tackle, TE = Tight End, QB = Quarterback,
HB = Halfback, FB = Fullback, SE = Split End

Offense Line

Auch wenn Spielmacher **(Quarterback** ←**)** und Ballträger **(Runningback** ←**)** bzw. Passempfänger **(Wide Receiver** ←**)** das meiste Lob einheimsen, sind gelungene Spielzüge ohne eine gute **Offense Line** ← nicht möglich. Aufgabe der fünf Spieler der Offense Line – **Center** ←, daneben je ein **Guard** ← plus die außen stehenden **Tackles** ← – ist nicht nur, durch ihre Blocks

Größe und Statur spielen im American Football nur eine untergeordnete Rolle

Links: Konzentration an der Line of Scrimmage kurz vor dem Snap

Mit dem Snap übergibt der Center den Ball an den Quarterback

Lücken für die Ballträger zu schaffen, sondern auch, die anstürmenden Verteidiger abzublocken, um dem Quarterback Zeit zu geben, Spielzüge zu realisieren. Dabei dürfen diese Spieler ihre Gegner nicht nur mit dem Körper blocken, sondern auch mit ausgestreckten Armen. Festhalten ist nicht erlaubt, das würde als »Holding« mit einer 10-Yards/Meter-Strafe geahndet. Die Line-Spieler stellen sich vor dem **Snap** ← nebeneinander an der **Line of Scrimmage** ← auf. Bevor der in der Mitte befindliche Center den Ball durch die Beine an den Quarterback weitergibt (Snap), müssen die Line-Spieler eine Sekunde lang im sogenannten Three-Point-Stance **(Dreipunktstand** ←**)** verharren. Ein »Fehlstart« (False Start) hat eine Strafe von 5 Yards/Meter Raumverlust zur Folge. Die gleiche Strafe gibt es für **Offside** ←, d. h. wenn sich ein Körperteil eines Line-Spielers (außer dem Center) in der neutralen Zone (siehe Line of Scrimmage) befindet.

Tight End und Split End

Die beiden Spieler, die neben den fünf Linespielern an der **Line of Scrimmage** ← stehen, nennt man auch Ends, da sie außen stehen. Eine besondere Rolle spielt der **Tight End** ←, der sowohl als **Blocker** ←, als auch als Ballträger oder Passempfänger fungieren kann. Der **Split End** ← steht im Unterschied zum Tight End weiter von den Linespielern entfernt. Es handelt sich bei ihm nicht um einen Blocker, sondern in der Regel um einen reinen Passempfänger **(Wide Receiver** ←**)**.

Wide Receiver

Wide Receiver ← sind jene schnellen Spieler, die die weiten Pässe des **Quarterbacks** ← fangen können. Schnelligkeit ist eine Eigenschaft, Fangsicherheit eine zweite, die einen guten Receiver ausmachen. Ein Passempfänger kann als **Split End** ← an der **Line of Scrimmage** ← stehen oder aber im **Backfield** ←, zudem kann eine Mannschaft je nach geplantem Spielzug unterschiedlich viele Receiver einsetzen.

Quarterback

Der wichtigste Angreifer ist der **Quarterback** ←. Er gibt die Signale und Anweisungen zum bevorstehenden Spielzug und leitet diesen nach dem **Snap** ← selbst ein. Einen guten Quarterback zeichnet Übersicht und Ruhe aus, ihm obliegen schließlich vielseitige Aufgaben: Er

Wichtigster Mann der angreifenden Mannschaft: der Quarterback

muss nicht nur zum richtigen Zeitpunkt einen punktgenauen Pass werfen können, er muss auch die **Defense** ← im Blick behalten, um gegebenenfalls schnell den Spielzug durch Zuruf zu ändern. Zudem kann er nicht nur den Ball mittels Pass oder Weitergabe an den **Runningback** ← verteilen, sondern ihn auch selbst nach vorn tragen. Vor dem Snap steht er in der Regel hin-ter dem **Center** ←, gibt seinen Mitspielern durch einen Zahlencode bekannt, wann genau der Spielzug beginnt und nimmt dann den Ball vom Center auf.

Rechts:
Ein guter
Runningback
zeichnet sich
durch Antritts-
schnelligkeit
und Wendig-
keit aus

Runningbacks

Die Ballträger stellen sich neben oder hinter dem **Quarterback** ← auf, um von ihm den Ball in Empfang zu nehmen und damit möglichst weit nach vorn zu laufen. Je nach Spielzug werden im **Backfield** ← zwei **Runningbacks** ← und ein **Wide Receiver** ← , ein Runningback und zwei Receiver oder gar drei Runningbacks aufgestellt. Runningbacks müssen auch Blockaufgaben übernehmen oder werden als zusätzlicher Fänger von kurzen Pässen eingesetzt. Deshalb unterscheidet man zwischen Fullbacks, kräftigeren Spielern, die auch blocken können, und antrittschnellen und wendigen Halfbacks.

Offense-Playbook

Das Erzielen eines Touchdowns oder Fieldgoals ist Aufgabe der **Offense** ←. Erreicht wird ein solcher nicht allein durch gutes Lauf- und Passspiel, sondern auch durch Kontrolle des Spiels, d. h. die Zeit, während der man in Ballbesitz ist. Die Zauberworte heißen deshalb »Ball Control« und »Field Position«. Mit Ball Control versucht die Offense, den Ball so lange wie möglich in den eigenen Reihen zu halten, mit gezieltem Lauf- und Passspiel das Spiel zu kontrollieren und am Ende jeden Drive (Ballbesitz) mit Punkten abzuschließen. Da man bekanntlich nur im Ballbesitz bleibt, wenn man in vier Versuchen 10 Yards/Meter Raumgewinn erzielt, ist die Field Position wichtig, d. h. der Raumgewinn. Vorrangiges Ziel ist, stets einen neuen **First Down** ← zu erreichen.

Im Offense-Playbook jeder Mannschaft sind zahlreiche Spielzüge und deren Varianten aufgezeichnet. Jede Aktion hat dabei einen eigenen Code, den nur die eigenen Spieler kennen. In der Regel ist es der Cheftrainer, der durch Zuruf oder Signal dem **Quarterback** ← den nächsten Spielzug andeutet. Dieser teilt ihn im **Huddle** ←, vor jedem **Snap** ←, seinen Mitspielern mit, aber nicht nur das: Auch der Zeitpunkt des

Snaps und ein mögliches **Audible** ←, d. h. das vielleicht notwendige kurzfristige Ändern des Spielzugs, werden besprochen.

Im Huddle gibt der Quarterback den bevorstehenden Spielzug bekannt ...

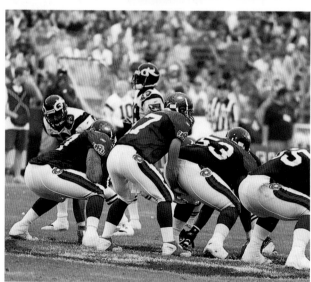

... und vor dem Snap dann per Zahlencode den Startschuss

Formationen

Wie erwähnt, stehen sieben Angreifer an der **Line of Scrimmage** ←, die übrigen Offensespieler können sich beliebig aufstellen, wobei jede Angriffsformation vom geplanten Spielzug abhängt. Die Benennungen gehen auf die Position einzelner Spieler zurück. Im Folgenden die wichtigsten Formationen (Abk. s. S. 40):

I-Formation – Dabei stellen sich die beiden **Running-backs** ← hintereinander hinter dem **Quarterback** ← auf und bilden so ein »I«. In der Regel deutet dies einen Laufspielzug durch die Mitte (**Dive** ←) an, da der direkt hinter dem Quarterback stehende Runningback als **Blocker** ← fungiert.

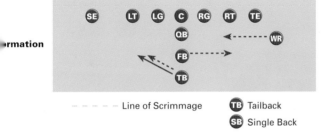

— — — — Line of Scrimmage   **TB** Tailback
SB Single Back

Power I – Variante der I-Formation, bei der ein dritter Runningback an der Seite positioniert wird. Wird bei Short-Yardage-Situationen (d. h. bei nur noch wenigen Zentimetern nötiger Distanz) oder zu Täuschungen angewandt.

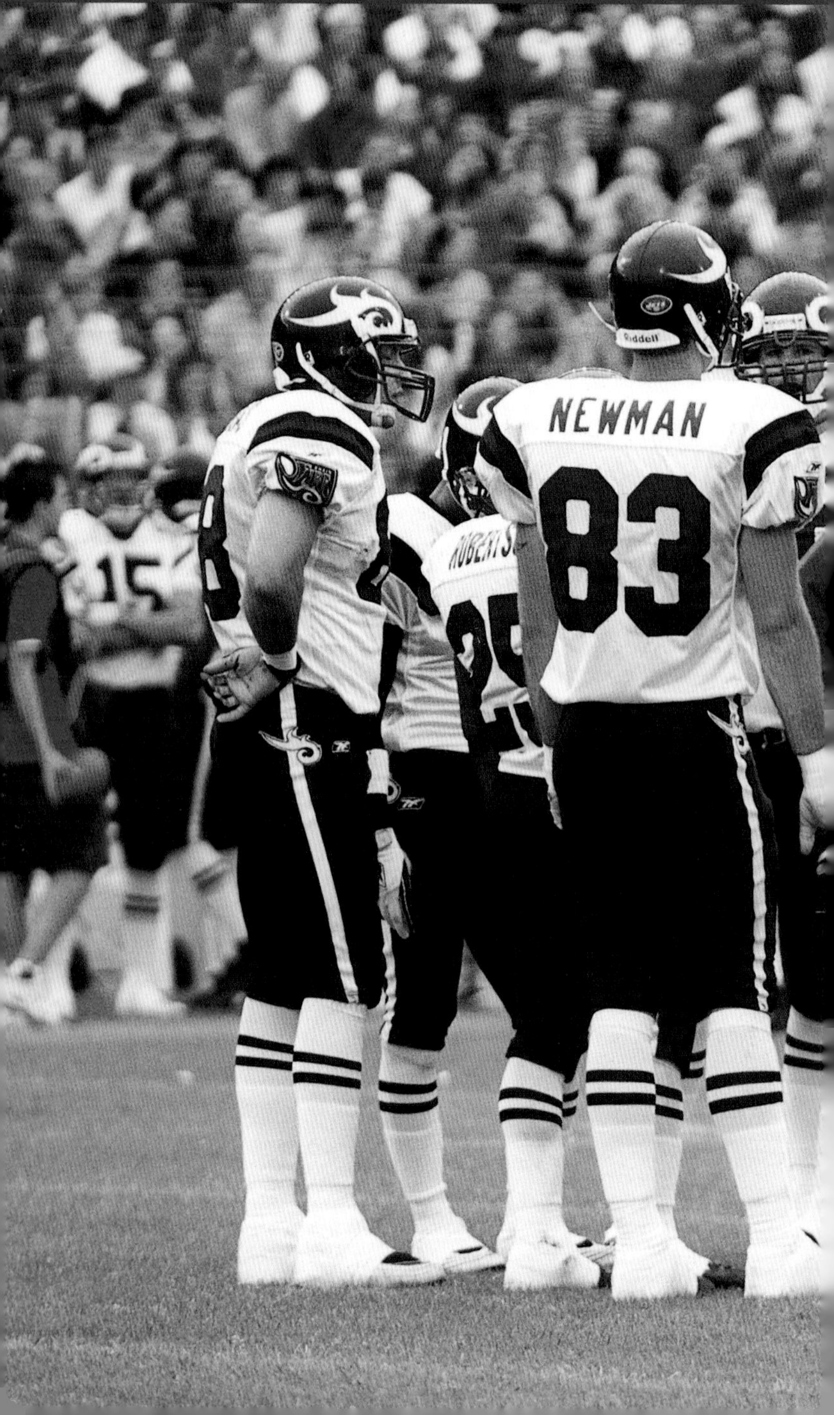
NEWMAN
83
15
Riddell

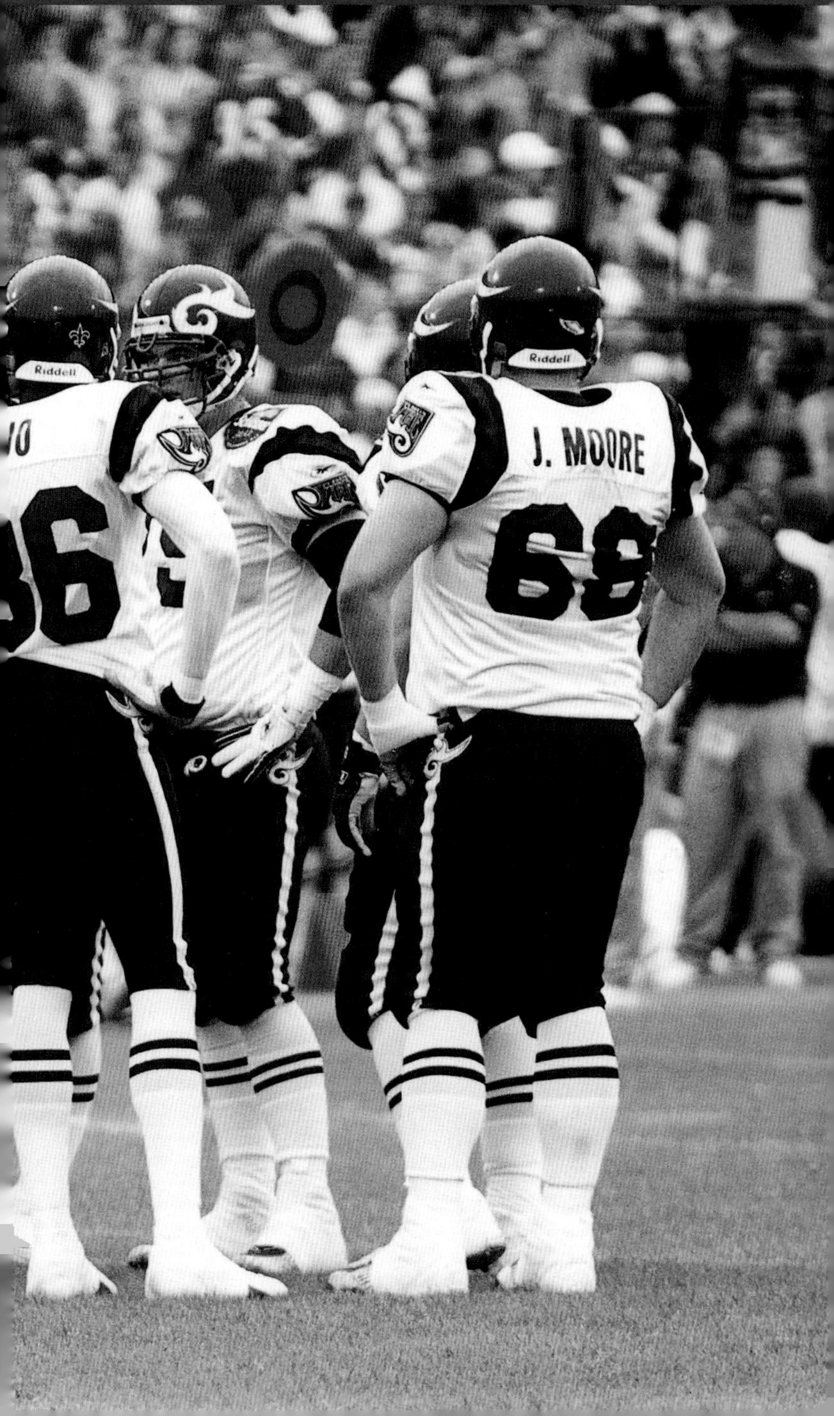
J. MOORE
68

*Die Königs-
brunn Ants
haben sich
in I-Forma-
tion mit
einem
Single Back
aufgestellt*

I-Formation mit Single Back – I-Formation mit nur einem Back, dafür vier Receivern.

**I-Formation
mit Single
Back**

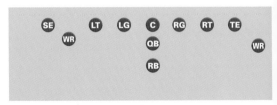

T-Formation – drei Runningbacks stellen sich in einer Linie hinter dem Quarterback auf. Diese Aufstellung er-

T-Formation

laubt zahlreiche Tricks und Täuschungsmanöver, da jeder der Drei angespielt werden kann.

Wing-Formation – zwei Runningbacks stehen im **Back-field** ←, rechts und links hinter dem Quarterback.

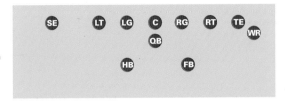

Wing-
•rmation

Pro- oder Open-Formation – vergleichbar der Wing-Formation, vor allem in der **NFL** ← verbreitet. Neben den beiden Runningbacks im Backfield wird außen ein zusätzlicher Receiver eingesetzt, der sich vor dem Snap bewegen darf.

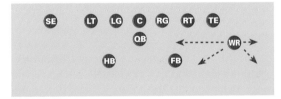

•o- oder
Open-
•rmation

Wishbone – direkt hinter dem Quarterback steht ein Runningback, zwei weitere links und rechts dahinter im Backfield.

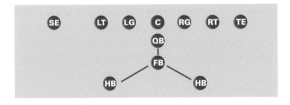

•shbone

Shotgun-Formation – hierbei steht der Quarterback etwa 5 Meter hinter dem Center und erhält den Snap als Pass vom Center durch dessen Beine zugespielt. Diese Formation deutet einen Pass-Spielzug an, denn durch den Abstand hat der Quarterback mehr Zeit und kann das Spielfeld besser überblicken.

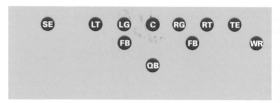

Shotgun-Formation

Spielzüge

Prinzipiell unterscheidet man im Repertoire der Spielzüge zwischen Running Plays, Laufspielzügen, und Passing Plays, Pass-Spielzügen.

Dabei gibt es ungezählte Varianten, den Ball durch Laufen oder Tragen nach vorn zu bringen, zum Beispiel Angriffe durch den Innenbereich, die sogenannten **Dives** ←, oder über die Seiten, **Sweeps** ←. Zudem verfügt jede **Offense** ← über **Fakes** ←, das sind Täuschungs- oder Trickspielzüge, sowie **Options** ←. Dabei kann der Ballträger, in der Regel der **Quarterback** ←, je nach Reaktion der **Defense** ← selber laufen oder einen überraschenden Pass werfen.

Zu den bekanntesten Running Plays gehören beispielsweise das Draw Play – der Quarterback täuscht einen Pass an, gibt dann den Ball aber an einen **Runningback** ← weiter – oder die **Reverse** ←, bei der der Quarterback diagonal auf eine Seite läuft und den Ball an einen Runningback übergibt, der in die entgegengesetzte Richtung zieht. Bei den Passing Plays kommt es darauf an, dass die **Wide Receiver** ← die zum Spielzug gehörenden Passrouten laufen. Schließlich wirft der Quarterback den Ball genau dorthin, wo der Receiver am Ende seines Sprints ankommen soll. Beliebt ist der Play-Action Pass, bei dem der Quarterback eine Ballübergabe an den Runningback vortäuscht, dann jedoch plötzlich einen Pass zum freigelaufenen Receiver wirft. Kein Wunder, dass jede Mannschaft über ein mehr oder

weniger dickes Offense-Playbook verfügt und sich die Spieler wochenlang mühen, die einzelnen Spielzüge auswendig zu lernen. Der Fehler eines einzigen Spielers kann schließlich die ganze Aktion zum Scheitern bringen.

Mit einem Sweep versucht der Running-back der Frankfurt Galaxy Raum zu gewinnen

Die Defense

Meist achten Zuschauer wenig auf die **Defense** ←, doch vielfach ist sie es, die ein Spiel entscheidet. Gelingt es der Abwehr, die Angriffsbemühungen des Gegners bereits im Keim zu ersticken und ihn zu Fehlern zu verleiten, hat die eigene **Offense** ← mehr Zeit zur Entfaltung; zudem kann auch die Defense punkten **(Interception ←, Safety ← oder Fumble Recovery ←).** Allerdings weiß die Abwehr zunächst nicht, was der Angreifer vorhat. Zwar lassen sich manche Spielzüge an der Aufstellung vorhersagen oder man kennt die Vorlieben eines bestimmten Gegners, seine Schwachpunkte und Stärken, aber dennoch bleibt immer ein Unsicherheitsfaktor und Überraschungsmoment. Die Defense kann nur reagieren, während die Offense agiert.

Ziel ist es, den Gegner am Punkten zu hindern, die Angreifer konstant unter Druck zu setzen und dafür zu sorgen, dass die eigene Offense schnell wieder in Ballbesitz kommt. Anders als die Offense, ist die Defense nicht an eine bestimmte Aufstellung gebunden, zudem dürfen sich die Abwehrspieler auch vor dem **Snap** ← bewegen. Nur das Betreten der neutralen Zone ist untersagt.

Spieler der Defense

Wie in der **Offense** ← übernehmen auch in der **Defense** ← Spieler ganz bestimmte Aufgaben. Schwergewichtige Akteure bilden die erste Reihe, dahinter folgen

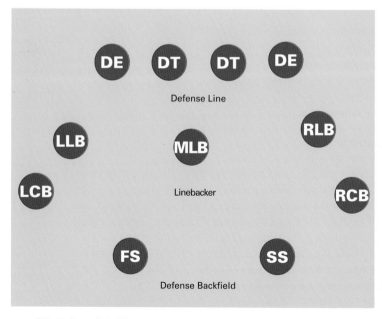

DE = Defense End, DT = Defense Tackle, LB = Linebacker, CB = Cornerback,
SS = Strong Safety, FS = Free Safety, L = Left, R = Right, M = Middle

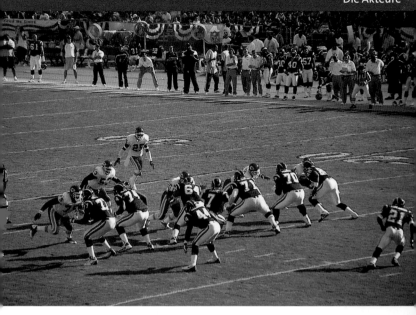

die wendigeren, die den Spielaufbau stören, und im **Backfield** ← stehen schnelle Verteidiger, die in erster Linie das Passspiel unterbinden sollen.

Die Defense orientiert sich bei ihrer Aufstellung häufig am zu erwartenden Spielzug des Gegners

Defense Line

Die Defense Line setzt sich in der Regel aus drei oder vier Spielern zusammen: in der Mitte die **Tackles** ← und daneben die **Defensive Ends** ←. Die Tackle sollen keinen Ballträger durchlassen, während die Ends die Seiten sichern, damit für das Laufspiel keine Lücken entstehen. Sie sollen auch Druck auf den gegnerischen **Quarterback** ← ausüben.

Linebacker

Hinter der ersten Linie stehen die **Linebacker** ←, leichtgewichtiger und damit beweglicher. Sie haben vielfältige Aufgaben, müssen die Absichten des Gegners erkennen und mögliche Lücken sofort schließen. Zudem sollen sie das Kurzpassspiel in der Mitte unterbinden und

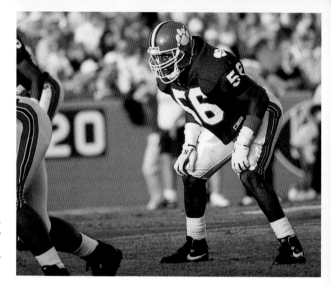

Multitalente in der Defense – die Linebacker übernehmen vielerlei Aufgaben

mit ihrer Schnelligkeit den **Quarterback** ← am Spielaufbau stören. Je nach Position auf dem Spielfeld unterscheidet man zwischen Weak Side, Strong Side oder Inside Linebacker.

Defensive Secondary

Im Rückraum, dem **Backfield** ←, stellen sich die vier schnellsten Verteidiger auf (Four-Deep-Verteidigung). An den Seiten sind dies die **Cornerbacks** ←, die die gegnerischen Passempfänger decken. Als die eigentlichen Liberos der Abwehr gelten die beiden **Safeties** ←, denen es vor allem obliegt, Lücken rasch zu erkennen und zu schließen oder freie **Receiver** ← zu decken. Sie geben ihre Beobachtungen, z.B. darüber, welchen Spielzug der Gegner plant, an die eigenen Mitspieler weiter.

Defense-Playbook

Auch in der Verteidigung haben sich verschiedene Formationen herausgebildet. Grundsätzlich unterscheidet man zwischen einer Zone Defense, bei der jedem Spieler ein bestimmter Raum zur Verteidigung zugewiesen wird, und dem Man-to-Man (**Man Coverage** ←), wobei jeder Verteidiger einen speziellen Angreifer bewacht. Meist trennt man nicht streng, sondern wechselt die Aufstellungen je nach Situation (Abk. s. S. 54).

3–4 Defense – drei Spieler in der Defense Line und dahinter vier **Linebacker** ←.

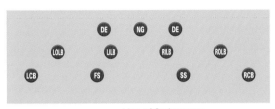

- - - - - Line of Scrimmage
NG = Nose Guard, I = Inside, O = Outside

4–3 Defense – vier Linespieler werden durch drei Linebacker ergänzt.

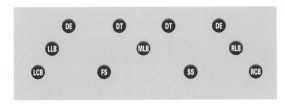

Short Yardage Defense – wird angewendet, wenn der Gegner nur wenig Raumgewinn benötigt oder kurz vor der eigenen **Goalline** ← steht. Möglichst viele Spieler stehen nahe der **Line of Scrimmage** ←, um jeden Lauf sofort zu stoppen.

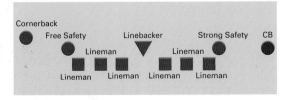

Nickel Defense – bei dieser Formation wird die **Secondary** ← durch einen fünften Spieler verstärkt.

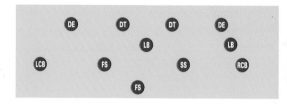

Nickel Defense

Dime Defense – es stehen sechs Spieler im **Backfield** ←, denn wie bei der Nickel Defense erwartet man einen Passspielzug.

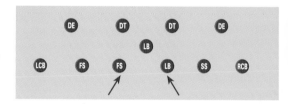

Dime Defense

Monster – bei der üblichen Four Deep Formation (zwei **Cornerbacks** ←, zwei **Safeties** ←) wird einer der Safeties als »freier« Verteidiger eingesetzt. Er kann verschiedene Aufgaben, auch die eines **Linebackers** ← oder Linespielers übernehmen.

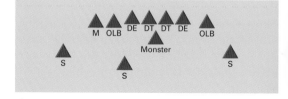

Monster Defense

Special Teams

Für bestimmte Standardsituationen – **Kickoff** ←, **Fieldgoal** ← **oder Punt** ← – wird im American Football eine ganz spezielle **Formation** ←, das Special Team, aufs Feld geschickt. Im Mittelpunkt der ballbesitzenden Mann-

Anders als der Kicker schießt der Punter den Ball direkt aus seiner Hand

schaft steht dabei der **Kicker** ←. Es gibt genau genommen zwei, den (Place) Kicker und den **Punter** ←. Beim Ball empfangenden Team spielen die Returner, die Spieler, die den Ball fangen und möglichst weit zurücktragen, die Hauptrolle.

Nicht so wichtig, der (Place) Kicker, könnte man meinen, die **Touchdowns** ← erzielen schließlich andere. Wenn sich ein Gegner jedoch besonders gut auf die Abwehr versteht, werden Spiele häufig nur durch die Fieldgoals der Kicker entschieden. Kein Wunder also, dass diese Spezialakteure, obwohl sie nichts anderes machen, als den Ball zu kicken, besonders umhätschelt werden – immerhin lastet auf ihnen viel Verantwortung, denn oft entscheidet ein Kick über Sieg oder Niederlage. Der Place Kicker kommt beim Kickoff zu Spielbeginn (erste und zweite Halbzeit) und in der Regel nach jedem Punktgewinn seiner Mannschaft zum Einsatz. Nach dem Touchdown kann der Kicker durch den Extrakick **(PAT** ←**)** seiner Mannschaft einen Zusatzpunkt verschaffen. »Place« Kicker nennt man ihn auch deshalb, weil er den Ball immer von einem Punkt am Boden aus schießt. Beim Kickoff geschieht dies von einem »Tee«, einem kleinen Plastikhalter, beim Fieldgoal oder PAT hält der **Holder** ← nach dem **Snap** ← des **Centers** ← den Ball am Boden, damit ihn der Kicker aus seinen Händen herausschießen kann.

Auch die Aufgabe des Punters ist nicht zu unterschätzen. Er kommt beim vierten Versuch zum Einsatz, wenn der nötige Raumgewinn nicht mehr geschafft werden kann und ein **Fieldgoal** ← wegen der Entfernung zum Tor aussichtslos ist. Der Punter muss den Ball möglichst weit und hoch in die Hälfte des Gegners schießen. Hat der Ball eine lange »Hangtime«, ist also lange in der Luft, können die Mitspieler schneller aufrücken und den Ballträger möglichst gleich nach dem Fang tackeln; der Gegner erhält so eine schlechtere Ausgangsposition. Anders als der Kicker schießt der Punter den Ball, den er zuvor vom Center zugeworfen bekommen hat, aus seiner Hand.

Während die Spieler der »kickenden« oder »puntenden« Mannschaft versuchen, das Zurücktragen des Balles schnell zu unterbinden, verfolgt das »returnende« Team zwei Taktiken: Einmal kann man versuchen, den Kick oder Punt abzublocken. Dazu werden Spieler, die hoch springen können, nahe der **Line of Scrimmage** ← positioniert. Andererseits bauen einige Spieler einen Schutzwall um den **Returner** ← auf, damit dieser nach dem Fangen des Balles dank einiger blockender Mitspieler möglichst viel Raumgewinn oder gar einen **Touchdown** ← erzielen kann.

Den Head Coach unterstützen eine Reihe von Assistenten, die jeweils für verschiedene Positionen zuständig sind

Die Trainer

Die Komplexität des American Football und die Tatsache, dass es **Offense** ←, **Defense** ← und **Special**

Teams ← gibt, hat dafür gesorgt, dass ein einziger Trainer nicht ausreicht. Dem Cheftrainer, dem sogenannten
Head Coach, unterstehen eine ganze Reihe von Assistenten, die sich jeweils um spezielle Aufgaben kümmern. In den USA und besonders in der **NFL** ← besteht
der Trainerstab einer Mannschaft aus mehr als zehn
Personen, hierzulande sind es etwa drei bis fünf.

Dem Head Coach obliegt die Betreuung seiner Mannschaft von der Vorbereitung bis zum letzten Punktspiel.
In den Bereichen Angriff und Abwehr verlässt er sich auf
den Offense und Defense Coordinator, die wiederum
verschiedene Assistenten unter sich haben. Diese sind
für spezielle Spieler zuständig, wie **Line** ←, **Backfield** ←,
Quarterback ← oder **Runningbacks** ←. Während die Assistenten die Spieler auf die Aufgaben ihrer spezifi-
schen Position vorbereiten, erarbeiten die Koordinato-

*Wenn der Trai-
ner das Wort
ergreift, sind
auch »harte
Männer« ganz
Ohr*

ren zusammen mit dem Cheftrainer die Spielzüge sowie, angepasst an den jeweiligen Gegner, den Gameplan.

Hinter den Kulissen einer Mannschaft sind zahlreiche weitere Mitarbeiter für den reibungslosen organisatorischen Ablauf verantwortlich, von Manager über den Pressesprecher bis hin zu Platzwart, Gerätewart, Physiotherapeut und Mannschaftsarzt. Wie bedeutende Spieler im Laufe der Geschichte für Furore gesorgt haben, so gibt es auch eine Reihe berühmter Trainer, die dem American Football ihren Stempel aufgedrückt haben.

Unter den Profi-Trainern sind Namen wie George Halas (1930er bis 1968 Chicago Bears), Vince Lombardi (1960er Green Bay Packers), Tom Landry (1970er Dallas Cowboys), Don Shula (1960er bis 80er Miami Dolphins) oder Bill Walsh (1980er San Franciso 49ers) unvergessen, während im College Football beispielsweise Paul Bryant (1958-1982 Uni Alabama), Joe Paterno (noch aktiv, Penn State Uni) oder Bobby Bowden (noch aktiv, Florida State Uni) für Furore gesorgt haben bzw. sorgen.

Die Schiedsrichter (Officials)

Da es sich bei American Football um einen Kontaktsport mit umfangreichem Regelwerk handelt, braucht man mehrere Schiedsrichter. In den USA und in den oberen Ligen andernorts sind es sieben Unparteiische, in den unteren Klassen meist fünf. Alle **Officials** ← tragen weiße Hosen und schwarz-weiß gestreifte Hemden und den Hauptschiedsrichter erkennt man an seiner weißen Mütze im Unterschied zu den sonst schwarzen. Jeder Schiedsrichter hat ein spezielles Aufgabengebiet, das man schon an seiner Aufstellung erkennen kann (siehe Graphik).

Den Hauptschiedsrichter nennt man in der Fachsprache **Referee** ← (R), er stellt sich im **Backfield** ← der **Offense** ← auf und ist für alle Entscheidungen verant-

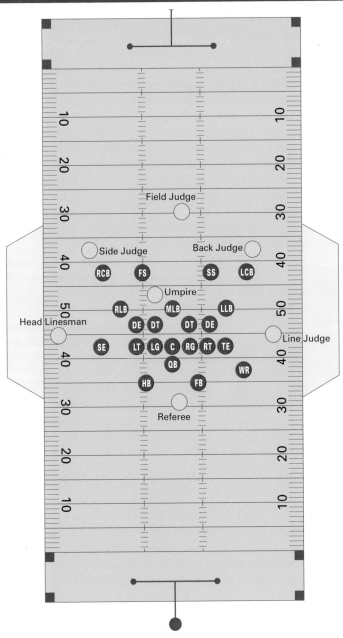

Schiedsrichteraufstellung

wortlich. Er gibt sie lautstark (in den USA und oderen Ligen über das Stadionmikrophon) und durch Signale (siehe unten) bekannt. Der **Umpire** ← (U) steht hinter der **Line of Scrimmage** ← der **Defense** ←. Er ist zuständig für Ausrüstung und die Aktionen an der Line of Scrimmage. Der **Head Linesman** ← (L) am Ende der Anspiellinie achtet auf **Offside** ← und ist für die **Chain Crew** ← verantwortlich, daneben für den Spielablauf in seinem Gesichtskreis. Der **Field Judge** ← (FJ) nimmt im Backfield der Defense und achtet auf **Kicks** ←, Passspiel und **Fumble** ←/Interception-Situationen. **Side Judge** ← (SJ) und **Back Judge** ← (BJ) stehen ebenfalls im Defense Backfield, jedoch am Spielfeldrand. Sie kontrollieren, ob die Spieler richtig aufgestellt sind, wer anspielbar ist und ob die Spielzüge regelgerecht ablaufen. Schließlich ist der **Line Judge** ← (LJ), ebenfalls an der Anspiellinie, gegenüber dem Head Linesman, für Zeitnahme, Punktestand, **Timeout** ← und regelwidrige Bewegungen vor dem **Snap** ← zuständig. In den USA (**NFL** ←) tragen die Schiedsrichter neben Nummern auch Buchstaben auf den Trikots, damit ihre Aufgabe deutlich wird. Als Schiedsrichterassistent fungiert die Chain Crew, die drei, die 10-Meter-Kette sowie den **Downmarker** ← halten. In der NFL gibt es zudem einen Replay Official, der über zwei Monitore das Spiel verfolgt. Bei unklaren Situationen werden die entsprechenden Szenen zusammen mit Umpire und Referee in Zeitlupe noch einmal angesehen, ehe die endgültige Entscheidung gefällt wird.

Schiedsrichterzeichen und Strafen

Es gibt über 70 Zeichen, mit denen der **Referee** ← Regelwidrigkeiten, die im American Football immer als **Foul** ← bezeichnet werden, und andere Aktionen andeutet. Beobachtet ein Schiedsrichter ein Foul, wirft er das gelbe Tuch (Flag) und informiert nach dem Spielzug den Referee über den Grund. Dieser gibt die Entscheidung bekannt und spricht bei Regelwidrigkeiten auch gleich die entsprechende Strafe aus.

Eine gelbe Flagge auf dem Boden zeigt ein Foul an

Man unterscheidet vier Arten von Fouls:

Foul nach dem Abpfiff
Mehrfachfoul (von einer Mannschaft während eines Spielzugs)
Doppelfoul (Regelwidrigkeit beider Teams während eines Spielzugs)
Foul zwischen den **Downs** ←

Daneben gibt es eine Gruppe von Zeichen, die den allgemeinen Spielablauf erklären – zum Beispiel **Touchdown** ←, **First Down** ← oder **Fieldgoal** ←. Im Folgenden die wichtigsten Zeichen, wobei sich die Bedeutung mancher aus der Bezeichnung selbst ergibt.

Allgemeine Zeichen

1. Touchdown/Score
2. Incomplete Pass/Penalty Refused/Missed Field Goal/Spielzug zählt nicht
3. Safety
4. First Down
5. Start of Play (Spielzug kann beginnen)
6. Dead Ball (Spielzug am Ende)
7. Touchback
8. Ende eines Viertels

1. Touchdown/
Score

2. Incomptete Pass/
Penalty Refused
Missed FG/
Spielzug gilt nicht

3. Safety

4. First Down

5. Start of Play

6. Dead Ball

7.Touchback

8.Ende des Viertels

Regelwidrigkeit und Strafmaß

9. Face Mask

10. Holding

11. Illegal Use of Hands

2. Pass Interference

13. Unsportsmanlike Conduct

14. Delay of Game

Personal Foul

16. Offside

17. Illegal Contact

18. Clipping

19. Illegal Motion

20. Illegal Receiver Downfield

21. Intentional Grounding

22. Tripping

23. Roughing the Kicker

24. Roughing the Passer

25. False Start

26. Loss of Down

27. Timeout

28. Illegal Cut

9. Face Mask (Griff in die Gesichtsmaske) – 15 Yards/
   Meter (5 bei unabsichtlichem Griff)
10. Holding (unerlaubtes Halten) – 10 Yards/Meter
11. Illegal Use of Hands (unerlaubter Einsatz von Händen, Körpern oder Armen) – 5 Yards/Meter
12. Pass Interference (Behinderung des Passempfän-
   gers) – 15 Yards/Meter und automatischer First
   Down für die Offense
13. Unsportsmanlike Conduct (unsportliches Verhal-
   ten) – 15 Yards/Meter, in groben Fällen auch Platzverweis
14. Delay of Game (Spielverzögerung, die Offense hat

Rechts:
Sollen die Stimmung anheizen und für Unterhaltung sorgen: die Cheerleader

35 Sekunden Zeit, den Spielzug zu beginnen) – 5 Yards/Meter

15. Personal Foul (absichtliches Foul) – 10 Yards/Meter
16. Offside (Abseits, d. h. ein Spieler hat die neutrale Zone vor dem Snap verletzt) – 5 Yards/Meter
17. Illegal Contact (unerlaubter Körperangriff) – 10 Yards/Meter
18. Clipping (unerlaubtes Blocken in den Rücken) – 15 Yards/Meter
19. Illegal Motion (nur Offense-Spielern im Backfield dürfen sich vor dem Snap bewegen) – 5 Yards/Meter
20. Illegal Receiver Downfield (unberechtigter Fänger; nur die beiden Ends und Backfieldspieler einer Offense dürfen den Ball fangen) – 10 Yards/Meter
21. Intentional Grounding (der Passwerfer darf den Ball nicht einfach auf den Boden werfen um einen Raumverlust zu verhindern) – 10 Yards/Meter
22. Tripping (Beinstellen) – 15 Yards/Meter
23. Roughing the Kicker (übertriebene Härte gegen den Kicker oder Punter) – 15 Yards/Meter und First Down für das Kicking Team
24. Roughing the Passer (übertriebene Härte gegen den Passwerfer) – 15 Yards/Meter und First Down für die Offense
25. False Start (vor dem Snap darf ein Line-Spieler sich nicht bewegen) – 5 Yards/Meter
26. Loss of Down (Verlust eines Versuchs)
27. Timeout
28. Illegal Cut (unerlaubter Block)

Cheerleading

Es gibt wohl kein anderes Thema, dass American Footballer, Aktive wie Zuschauer, mehr spaltet als das Cheerleading. Die einen halten die »Einpeitscher« an der Seitenauslinie für unnötiges Beiwerk und Ablenkungsmanöver, für die anderen gehören die **Cheerleader** ← – die übrigens eigene Meisterschaften austragen – einfach zur Show und zum »American Football Way of Life«.

Ein Cheerleader, egal ob männlich oder weiblich, soll nichts anderes tun, als die eigene Mannschaft anfeuern und damit das Publikum auf Touren bringen. Cheerleading gehörte von Anfang an zum American Football, hat sich in den 1940ern als eigener Sport etabliert und ist längst auch hierzulande etabliert. Dabei ist das Einstudieren von Chants (Sprechgesänge aus zwei bis acht Worten), Cheers (Kombination aus Worten und Bewegungen), Jumps (Sprünge), Stunts (Hebefiguren), Formations, Tanz- und Showeinlagen nur ein Teil der Aufgabe, die Cheerleader fungieren zudem als Botschafter des Sports.

In der **NFL** ← und hierzulande sind die Cheerleader weiblich, während im College Football gemischt-geschlechtliche Gruppen auftreten. Da wird auch die unterschiedliche Aufgabenstellung deutlich: Während die Cheerleader in NFL und NFL Europe in erster Linie mit Tanz- und Showeinlagen das Publikum unterhalten, legt man im College Football den Schwerpunkt auf akrobatische und athletische Stunts und Formationen. Hierzulande versucht man sich mit Erfolg an einer Mischung beider Varianten und mittlerweile greifen auch andere Sportteams auf Cheerleader zur Unterhaltung zurück. Im Basketball gehören sie wie im American Football schon zum Alltag, aber auch im Fußball und Eishockey hat man mittlerweile den Unterhaltungswert der Cheerleader erkannt.

Tanz und Show stehen in der NFL und der NFL Europe beim Cheerleading im Vordergrund

American Football in Nordamerika

Entwickelt hat sich American Football wie Rugby aus dem Fußball, den die Amerikaner »Soccer« nennen. 1869 wurde zwischen den beiden Universitäten Rutgers und Princeton in New Jersey das erste Footballspiel, damals noch eher eine Mischung aus Fußball und Rugby, bestritten. Fünf Jahre später setzte sich dann ein an der Universität Harvard entwickeltes Regelwerk durch und American Football galt fortan als eigenständige Variante. Im Laufe der Zeit wurden die Regeln verfeinert und verbessert, 1883 der erste Unimeister gekürt und 1920 entstand mit der American Professional Football Association, aus der später die **NF**L ← hervorging, die erste Profiliga. Nachdem das Spiel an den Unis begeistert aufgenommen worden war, entstanden die ersten Profiteams in den grauen Industriestädten der Bundesstaaten Pennsylvania, Ohio und New York und machten den Sport dort unter der einfachen Arbeiterschicht populär.

Die Begeisterung, die die Nordamerikaner dem American Football entgegenbringen, rührt sicher auch daher, dass es sich nicht bloß um ein zwei- bis dreistündiges Spiel handelt, sondern vielmehr um ein Gesellschaftsereignis, ein Familien-Happening und um Rundum-Unterhaltung. Man trifft man sich Stunden vor dem **Kickoff** ← auf dem Stadionparkplatz oder den umliegenden Grünflächen, Grills werden angeheizt, Picknicks arrangiert, Getränke gekühlt. Die Fans sitzen oder stehen zusammen, essen und trinken, fachsimpeln und

Nächste Seite: Nicht nur das Spiel, sondern auch die Halbzeitshow mit Marching Bands heizt die Stimmung im College Football an

diskutieren und stimmen sich während dieser sogenannten **Tailgate Parties** ← auf das bevorstehende Spiel
ein.

College Football

Dass nicht die übermächtige Profiliga **NFL** ← hier am
Anfang steht, hat seinen Grund: Es waren die Universitäten, die American Football aus der Wiege gehoben
haben. Zu den Besonderheiten der amerikanischen
Sportszene gehört die Bedeutung des Universitätssports, des »College Sports«. Die Studenten bilden die
höchste Amateurklasse und stellen zugleich das Nach-
wuchsreservoir für die Profiligen. Mit den Sportarten
Basketball und American Football begannen die Universitäten als Erste mit einem regelmäßigen Spielbetrieb. In der Tradition britischer Hochschulen – »mens
sana in corpore sano«, ein gesunder Geist steckt in
einem gesunden Körper – begann bereits in der zweiten
Hälfte des 19. Jahrhunderts ein regelmäßiges sportli-
ches Kräftemessen zwischen den US-Unis.

Was ist College Sports?

Eines der Hauptcharakteristika des Hochschulsports ist
die Tatsache, dass Studenten nur während der ersten
vier Studienjahre – als Freshman, Sophomore, Junior
und Senior – aktiv sein dürfen.

Da Basketball und American Football die mit Abstand
wichtigsten College-Sportarten sind, haben es die
Proficlubs leicht: Sie brauchen keine eigenen Nach-
wuchsabteilungen zu unterhalten, sondern können
statt dessen auf gut trainierte Studenten zurückgrei-
fen, die gerne die Chance wahrnehmen, ihre aktive
Laufbahn lukrativ als Profis fortzusetzen.

Anders als in Deutschland ist Sport an amerikanischen
Universitäten mehr als ein bisschen Körperertüchti-

gung und Freizeitbeschäftigung und dient auch nicht, wie hierzulande, in erster Linie der Ausbildung von Sportlehrern und Trainern. Ging es in der »Frühzeit« des Universitätssports im Wesentlichen um Ruhm und Ehre, schlossen sich die US-Unis ab den 1920ern regional zu Ligen zusammen, die einen geregelten Spielbetrieb gewährleisteten. Zu Saisonende treffen sich bis heute die besten regionalen Teams zu Pokalspielen, den »Bowls«, und ermitteln den jeweiligen College-Meister. Dabei locken die Uni-Teams in den USA Zehntausende von Zuschauern in die Stadien. Sport ist ein wichtiger Faktor bei der Selbstdarstellung der Hochschulen, schließlich wirkt sich eine gute Mannschaft positiv auf das Gesamtimage aus, lässt Spendengelder fließen und bringt Einnahmen in Millionenhöhe aus Preisgeldern und TV-Übertragungsrechten in die Kasse.

Die Spiele der Universitätsmannschaften ziehen Millionen von Amerikanern in ihren Bann

College Sports in den USA wird deshalb mittlerweile genauso professionell betrieben wie in den berühmten Profiligen. Wiederum mit einem entscheidenden Unterschied: Im Hochschulsport erhalten die Aktiven keinen Cent, werden allerdings mit einem Stipendium belohnt, das ihnen die Möglichkeit zu einem Uniabschluss gibt.

Nächste Seite: Was jetzt? Die Spieler der Berlin Thunder warten im Huddle auf Anweisungen ihres Quarterbacks

Der Hochschulsport wird in den USA vom Athletic Department der jeweiligen Uni betreut, wobei diese Abteilung überhaupt nichts mit einem sportwissenschaftlichen Institut zu tun hat. Im Prinzip handelt es sich um einen »Proficlub« innerhalb der Hochschulorganisation, dessen Boss mehr als Manager denn als Hochschullehrer fungiert. Er steht in der Unihierarchie ganz oben, schließlich ist er für Ruf und Finanzsituation der Uni wesentlich mitverantwortlich.

Wer einmal über den Campus einer amerikanischen Uni schlendert, kann die riesigen Sporthallen, -stadien und Trainingsanlagen kaum übersehen. Dass gerade American Football eine Hauptrolle spielt, zeigen die zwischen 50 000 und 100 000 Zuschauer fassenden Stadien auf dem Grund größerer Universitäten. Vor allem im Mittleren Westen und in den Südstaaten ist man fanatisch, zu Spielen der College-Teams pilgern ganze Heerscharen von Fans. Sollte es der Mannschaft gar gelingen, in eines der Bowl-Spiele zu Saisonende einzuziehen, fließen neben den Einnahmen von Sponsoren, TV-Anstalten und Souvenirverkauf zusätzlich mehrere Millionen an Startgeldern in die Unikasse. Sie kommen jedoch nicht allein dem Athletic Department zu, sondern werden gleichmäßig auf alle Institute verteilt. Ob das der Grund ist, dass auch Professoren anderer Fakultäten bei Spielen des Uniteams mitfiebern und Siege ausgelassen feiern?

Zuschauermagnet College Football

College Football ist ein Erlebnis der besonderen Art und übertrifft in Sachen Stimmung und Show sogar die Profis. Das ganze Umfeld, von der **Tailgate Party** ← vor dem Spiel über die Marching Bands und Cheerleader bis hin zu den Feiern auf den Rängen, ist besonders dann, wenn eines der Top-Teams antritt, einzigartig. Das Spiel wird als Wochenendausflug zelebriert: Man reist früh am Morgen des Spieltags mit Kind und Kegel, manchmal im Wohnwagen, an, und feiert bis zum Sonntag. Über hundert Universitäten, in zehn regionale Ligen eingeteilt, wie SEC **(Southeastern Conference ←)**, Big 12, Big 10, ACC (Atlantic Coast Conference) oder Pacific 10, bilden die oberste Klasse im College Football und ziehen den ganzen Herbst lang Millionen von Amerikanern in ihren Bann.

Die Zugehörigkeit zu dieser sogenannten Division I-A hängt weniger vom sportlichen Können ab – Auf- und Abstieg sind unbekannt –, sondern

- von der finanziellen Ausstattung des Athletic Departments,
- der Größe des Stadions und
- dem Zuschauerdurchschnitt, der über 30 000 liegen muss.

Wer diese Kriterien erfüllt, kann um Aufnahme in eine der Ligen der Division I-A ersuchen. Die anderen Uni-Teams sind nach entsprechend abgestuften Kriterien unterklassigen Kategorien zugeordnet: den Divisions I-AA, II oder III.

Die Saison im College Football wird traditionell nicht mit einer Endrunde abgeschlossen, sondern die besten Unis werden zu den sogenannten College Bowls eingeladen. Diese Pokalspiele finden traditionell in der Zeit zwischen Weihnachten und Neujahr statt – diejenigen am Neujahrstag und kurz danach sind die wichtigeren – und gehören wie Santa Claus und Feuerwerk für die Amerikaner zum Jahreswechsel. Dabei erhalten die Unis Startgelder in Millionenhöhe und ganz Amerika verfolgt die Begegnungen vor dem TV-Bildschirm.

Während manche Bowls Verträge mit einzelnen Ligen haben und jeweils deren Topteams einladen, wählen andere aus der Gesamtliste der besten Unis aus. Um die Frage zu klären, welche unter den in zehn Ligen eingeteilten Mannschaften die wirklichen Spitzenteams sind, erstellen »Associated Press« (Umfrage unter Fachjournalisten) und die Tageszeitung »USA Today« (Befragung der Trainer) vom ersten Spieltag an eine Liste der Top 25 Uniteams der Nation. Zu Ende der Saison werden danach die beiden Besten zum Endspiel eingeladen, um den Meister auszuspielen. Da eine gewisse Subjektivität nicht auszuschließen ist, wird dieses Verfahren immer wieder heftig kritisiert, doch bisher konnte sich der American Football im Unibereich nicht zu einer »richtigen« Endrunde durchringen.

Die NFL (National Football League)

Die Sonntage zwischen September und Ende Januar sind jedem American-Football-Fan heilig. Obwohl traditionell jeden Montag ein ausgewähltes Spiel ausgetragen und landesweit übertragen wird und an einigen Donnerstagen, v.a. am Thanksgiving-Wochenende, gespielt wird, sind es die Sonntage, an denen im Schnitt über 65 000 Fans in jedes der Stadien pilgern, um eines der Punktspiele der 32 NFL-Teams mitzuverfolgen, oder vor dem TV-Bildschirm mitfiebern. Wie keine andere Profiliga der Welt hat die NFL (National Football League) in wenigen Jahrzehnten aus dem Berufssport ein lukratives Millionen-Geschäft gemacht.

Historischer Überblick

Die Wurzeln der **NFL** ← reichen ins Jahr 1920 zurück: Damals wurde die **American Professional Football Conference** ← gegründet und zwei Jahre später in »National Football League« (NFL) umbenannt. Zehn Teams waren in der ersten Saison dabei, als noch ein gewisser Jim Thorpe Präsident, Trainer und Spieler in einer Person war. Thorpe gewann später als erster Sportler indianischer Herkunft eine Goldmedaille bei Olympischen Spielen. Teams wie die Decatur Staleys (heute: Chicago Bears) oder die Duluth Eskimos wetteiferten um Siege, Geld und Meisterehren. 1932 begann man damit, den Champion regelmäßig in einem Finalspiel zu ermitteln. Eine neue Epoche wurde 1959 eingeläutet, als Ölmulti Lamar Hunt aus Dallas mit anderen Millionären die AFL (American Football League) gründete. Jahrelang exis-

tierten beide Profiligen nebeneinander, ehe man sich 1966 zur Kooperation entschloss. Im folgenden Jahr wurde das erste NFL/AFL Championship Game in Los Angeles ausgetragen, das die Green Bay Packers (NFL) 35:10 gegen die Kansas City Chiefs (AFL) gewannen – die Geburtsstunde des **Super Bowl** ←. 1970 erfolgte dann der endgültige Zusammenschluss der beiden Profiligen und die moderne NFL war geboren. Die beiden Conferences **AFC (American Football Conference** ←**)** und **NFC (National Football Conference)** ermittelten fortan getrennt ihre Meister und damit die beiden Super-Bowl-Teilnehmer.

Erstmals erlaubte es die zunehmende Popularität dem Profifootball in den 1950ern mit dem Nationalsport der USA, dem Baseball, in Konkurrenz zu treten. Ein wegweisender Schritt war 1956 der erste Fernsehvertrag der NFL mit CBS, durch den Profi-Footballspiele endgültig in den Rang landesweit beachteter Ereignisse erhoben wurden. 1970 begann ABC mit der regelmäßigen Live-Ausstrahlung des »Monday Night Game«, bis heute eine der Institutionen in der US-Sportwelt.

Volles Haus in San Diego – die NFL lockt pro Spiel im Schnitt über 65 000 Fans an

Joe Montana schrieb mit den San Francisco 49ers in den 1980ern NFL-Geschichte

In den 1970ern entwickelte sich der Profifootball in erster Linie auf sportlichem Gebiet weiter. Die Spieler wurden athletischer, schneller und kraftvoller. Die Liga selbst versuchte durch Regeländerungen die Verletzungsgefahr zu verringern, vor allem **Quarterbacks** ← und Ballfänger wurden besser geschützt, auch um dadurch die Attraktivität des Spiels zu steigern. Akteure, die in den Siebzigern für Aufsehen sorgten, waren unter anderen Quarterback Fran Tarkenton (Minnesota Vikings), der später in die Schlagzeilen geratene O. J. Simpson (Buffalo Bills) und vor allem der berühmt-berüchtigte »Steel-Curtain«, die Abwehr der Pittsburgh Steelers, die mit den beiden Top-Angreifern Terry Bradshaw und Franco Harris die Liga dominierte: Pittsburgh gelang es zwischen 1975 und 1980 viermal den **Super Bowl** ← zu gewinnen.

Die 1980er gingen dann als das Jahrzehnt der San Francisco 49ers in die Geschichte ein: Ebenfalls vier Titel erspielte sich dieses von Quarterback Joe Montana angeführte Superteam. In die Fußstapfen der 49ers traten in den frühen 1990ern die Dallas Coyboys, die mit ihren Stars, Quarterback Troy Aikman und **Runningback** ← Emmitt Smith, seit 1993 dreimal den Titel nach Dallas geholt haben. Zur Mannschaft des neuen Jahrtausends könnten die St. Louis Rams avancieren, die bereits 1999 die Meisterschaft gewannen und 2001 Vizemeister wurden.

Mit Paul Tagliabue begann für die NFL bereits 1989 der Aufbruch ins 21. Jahrhundert. Computer hielten Einzug, Funkgeräte in den Helmen der Quarterbacks zum Empfang der Traineranweisungen wurden gang und gebe. Um die Fortdauer des Football-Booms zu sichern, wurden Kampagnen forciert, die Jugendliche für Football begeistern sollten, speziell, nachdem Basketball zum Renner geworden war. Neben NBC, TNT, ABC und ESPN wurde mit FOX ein vierter TV-Sender als Übertragungsmedium gewonnen – ein Sender, der wegen seiner Sit Coms und Soap Operas gerade unter dem jungen Publikum zahlreiche Anhänger hat.

Mit dem Start in eine neue Ära wagte die NFL 1995 zugleich die Aufnahme von zwei neuen Clubs, der Carolina Panthers und der Jacksonville Jaguars, nachdem zuletzt im Jahr 1976 mit Seattle und Tampa Bay zwei Franchises dazugestoßen waren. 1998 haben die Cleveland Browns nach einer Pause wieder ins Spielgeschehen eingegriffen und wenn im Herbst 2002 die Houston Texans als neue Franchise den Spielbetrieb aufnehmen, zählt die NFL 32 über ganz USA verteilte Teams (siehe unten). Wie wichtig das Unternehmen NFL inzwischen geworden ist, soll nur eine Zahl zeigen: Im Frühjahr 2002 blätterte die Brauerei Coors 300 Millionen Dollar für einen fünfjährigen Sponsorenvertrag hin!

Super Bowl, eine amerikanische Institution

Olympische Spiele, Wimbledon, Weltmeisterschaften – alles »Peanuts« im Vergleich zum Finale der **NFL** ←, dem **Super Bowl** ←. Das alljährlich am letzten Sonntag im Januar ausgetragene Meisterschaftsspiel stellt alle anderen Sportereignisse in den Schatten und ohne zu übertreiben kann man den Super Bowl als das Top-Sportereignis in den USA bezeichnen. Millionen Zuschauer verfolgen das Spiel vor den TV-Geräten, zwischendurch immer wieder von Werbeeinblendungen unterbrochen, für deren Ausstrahlung Firmen jahrelang Schlange stehen und Millionen von Dollars auf den Tisch der Fernsehgesellschaft NBC blättern.

Überall in den USA und vermehrt in aller Welt, auch in Deutschland, werden Super-Bowl-Parties veranstaltet. Die NFL hat das große Geschäft gewittert und versteht sich hervorragend darauf, ihr Meisterfinale als rauschendes einwöchiges Fest zu vermarkten:

- Am Montag reisen die Teams an,
- dienstags wird trainiert,
- der Mittwoch ist »Media Day« mit Pressekonferenz im Stadion,
- am Donnerstag sind in den Teamhotels Einzelinterviews erlaubt,
- am Freitag finden die großen Abschlusspressekonferenzen statt,
- samstags folgt dann die Generalprobe im Stadion und
- am Sonntag schließlich der Höhepunkt: das große Spiel.

Allerdings steht nicht nur die Presse eine Woche lang unter Strom, auch die Fans werden während dieser Zeit dauernd beschäftigt: Am Austragungsort findet eine riesige Fete statt und Footballfreunde können sich in einem eigens aufgebauten Football-Vergnügungspark namens »NFL Experience« mit vielerlei Spielen die Zeit vertreiben.

Die NFL bestimmt Jahr für Jahr den Austragungsort neu und bevorzugt dabei – aus verständlichen Gründen – Städte in warmen Regionen wie in Kalifornien, den Südstaaten oder Florida. Zu den beliebtesten Orten zählen New Orleans und Miami, sie dürfen in regelmäßigen

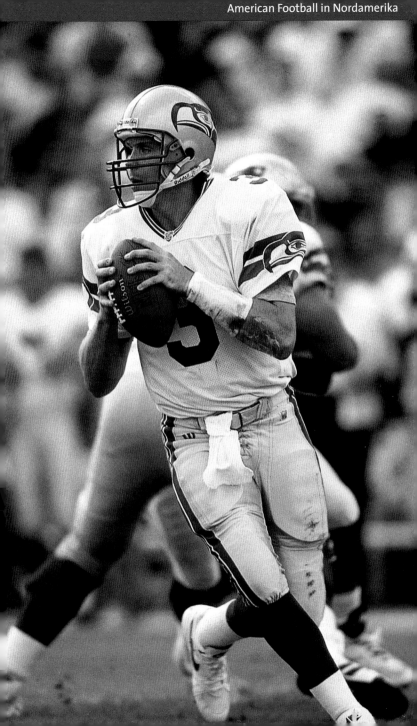

Abständen das Finale veranstalten. Was dieses Ereignis für die gastgebende Stadt und den entsprechenden US-Bundesstaat bedeutet, umschrieb der Gouverneur von Arizona, wo 1996 die Dallas Cowboys ihren fünften Titel errangen, so: »Das waren die wichtigsten Tage in der Geschichte von Arizona!«

Dallas ist neben San Francisco, das ebenfalls fünfmal den Super Bowl gewinnen konnte, das erfolgreichste NFL-Team. Vier Titel holten sich die Pittsburgh Steelers, während Minnesota, Buffalo und Denver zwar viermal im Finale standen, aber immer als Verlierer vom Platz gingen. Immerhin gelang es Denver jüngst diese Scharte auszuwetzen und den Titel gleich zweimal zu holen.

Super Bowl-Übersicht

(angegeben sind die Nummer des **Super Bowls** ← , der seit 1967 jährlich stattfindet, der Austragungsort sowie Finalgegner und Endergebnis)

I	Los Angeles – Green Bay vs. Kansas City 35-10
II	Miami – Green Bay vs. Oakland 33-10
III	Miami – New York Jets vs. Baltimore 16-7
IV	New Orleans – Kansas City vs. Minnesota 23-7
V	Miami – Baltimore vs. Dallas 16-13
VI	New Orleans – Dallas vs. Miami 24-3
VII	Los Angeles – Miami vs. Washington 14-7
VIII	Houston – Miami vs. Minnesota 24-7
IX	New Orleans- Pittsburgh vs. Minnesota 16-6
X	Miami – Pittsburgh vs. Dallas 21-17
XI	Pasadena – Oakland vs. Minnesota 32-14
XII	New Orleans – Dallas vs. Denver 27-10
XIII	Miami – Pittsburgh vs. Dallas 35-31
XIV	Pasadena – Pittsburgh vs. L.A. Rams 31-19
XV	New Orleans – Oakland vs. Philadelphia 27-10
XVI	Pontiac – San Francisco vs. Cincinnati 26-21
XVII	Pasadena – Washington vs.Miami 27-17
XVIII	Tampa – L.A.Raiders vs. Washington 38-9
XIX	Stanford – San Francisco vs. Miami 38-16
XX	New Orleans – Chicago vs. New England 46-10

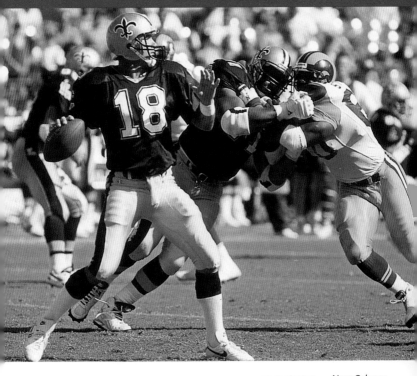

XXI	Pasadena – New York Giants vs. Denver 39-20
XXII	San Diego – Washington vs. Denver 42-10
XXIII	Miami – San Francisco vs. Cincinnati 20-16
XXIV	New Orleans – San Francisco vs. Denver 55-10
XXV	Tampa – New York Giants vs. Buffalo 20-19
XXVI	Minneapolis – Washington vs. Buffalo 37-24
XXVII	Pasadena – Dallas vs. Buffalo 52-17
XXVIII	Atlanta – Dallas vs. Buffalo 30-13
XXIX	Miami – San Francisco vs. San Diego 49-26
XXX	Tempa – Dallas vs. Pittsburgh 27-17
XXXI	New Orleans – Green Bay vs. New England 35–21
XXXII	San Diego – Denver vs. Green Bay 31-24
XXXIII	Miami – Denver vs. Atlanta 34-19
XXXIV	Atlanta – St. Louis vs. Tennessee 23-16
XXXV	Tampa – Baltimore vs. New York Giants 34-7
XXXVI	New Orleans – New England vs. St. Louis 20-17

New Orleans ist zwar in regelmäßigen Abständen Super-Bowl-Ausrichter, doch die heimischen Saints haben das Endspiel noch nie erreicht

Die NFL-Teams

AFC (American Football Conference)

AFC East
Buffalo Bills
Miami Dolphins
New England Patriots (Boston)
New York Jets

AFC North
Baltimore Ravens
Cincinnati Bengals
Cleveland Browns
Pittsburgh Steelers

AFC South
Houston Texans
Indianapolis Colts
Jacksonville Jaguars
Tennessee Titans

AFC West
Denver Broncos
Kansas City Chiefs
Oakland Raiders
San Diego Chargers

NFC (National Football Conference)

NFC East
Dallas Cowboys
New York Giants
Philadelphia Eagles
Washington Redskins

NFC North
Chicago Bears
Detroit Lions
Green Bay Packers
Minnesota Vikings (Minneapolis)

NFC South
Atlanta Falcons
Carolina Panthers (Charlotte, NC)
New Orleans Saints
Tampa Bay Buccaneers

NFC West
Arizona Cardinals (Phoenix)
St. Louis Rams
San Francisco 49ers
Seattle Seahawks

Troy Aikman verhalf den Dallas Cowboys in den 90ern dreimal zur Super Bowl

Canadian Football

Die Kanadier sind in mancher Hinsicht ein zerrissenes Volk: Einerseits können sie einen gewissen Minderwertigkeitskomplex gegenüber dem übermächtigen und vor Selbstbewusstsein strotzenden Nachbarn im Süden nicht verbergen, andererseits zeichnet sie ein unbändiger Stolz auf ihre Andersartigkeit aus. Vor diesem Hintergrund erstaunt es nicht, dass American Football zwar übernommen wurde, doch in Kanada nach etwas anderen Regeln gespielt wird. Besonders in den Präriestaaten – in Alberta (Edmonton und Calgary), Manitoba (Winnipeg) und Saskatchewan – sowie in Montréal erfreut sich Canadian Football, wie ihn die **CFL** ← (Canadian Football League) mit ihren acht Teams bietet, einer großen Fangemeinde.

Die kanadische Liga kann stolz auf über hundert Jahre Profifootball – und damit mehr als die übermächtige **NFL** ← – verweisen. »Wir wollen und können der großen NFL nicht das Wasser reichen,« meinte einmal der ehemalige Liga-Commissioner Larry W. Smith, und deshalb versucht sich die CFL ganz auf ihre kanadischen Wurzeln zu stützen, nach dem selbstbewussten Motto »radically canadian«. Die CFL hat die Spielergehälter jeder Mannschaft rigoros auf 2,5 Millionen kanadische Dollar beschränkt, nur ein Superstar pro Team ist von dieser Regel ausgenommen und darf eine beliebig hohe Summe erhalten. Mit dieser Maßnahme hofft man wirtschaftlich über die Runden zu kommen, was bei einem Zuschauerschnitt von rund 25 000 Fans pro Spiel durchaus realisierbar ist.

Der etwas andere Football

Im November stehen sich im »Grey Cup«, dem Finale der **CFL** ←, die beiden besten Teams gegenüber. Wegen des Wetters beginnt die reguläre CFL-Saison bereits im Juni – zu einer Zeit, in der in den USA noch niemand an American Football denkt. Die für Fans besondere Attraktivität des Canadien Football basiert auf einigen Modifikationen der geläufigen NFL- bzw. College-Football-Regeln. Die CFL setzt dabei verstärkt auf Dynamik, Wendigkeit, Schnelligkeit und Passspiel; Kraft und körperlicher Einsatz sind hingegen zweitrangig. Kein Wunder, dass viele College-Stars, die in der NFL als zu »schwach« eingestuft werden, in der CFL eine Profikarriere starten, zum Beispiel der in den USA als College-Spieler berühmte Doug Flutie, der in der CFL zur Legende aufstieg, ehe ihn die NFL entdeckte.

Die wichtigsten Unterschiede zur NFL sind folgende:

- 12 Feldspieler anstelle von 11;
- nur drei Versuche (**Downs** ←) statt der sonst üblichen vier;
- 20-Yard-Endzone statt 10 Yards;
- jedes Team hat nur 20 Sekunden Zeit – statt 40 in der NFL – einen Spielzug vorzubereiten;
- jedes **Quarter** ← muss mit einem Spielzug enden, ein Auslaufenlassen der Uhr ist nicht erlaubt;
- die Torpfosten befinden sich am Anfang der **Endzone** ← über der **Goalline** ←; Fieldgoals sind dadurch leichter möglich;
- das Spielfeld ist mit 110 Yards Länge und 65 Yards Breite größer als jenes der NFL mit 100 x 53,5 Yards.

Die CFL-Teams

Eastern Division
Hamilton Tiger-Cats
Montréal Alouettes
Ottawa Rough Riders
Toronto Argonauts
Winnipeg Blue Bombers

Western Division
B. C. (British Columbia) Lions (Vancouver)
Calgary Stampeders
Edmonton Eskimos
Sakatchewan Roughriders (Regina)

»Pro Football Hall of Fame«

In der ehemaligen Industriestadt Canton im US-Bundesstaat Ohio, vor den Toren der Metropole Cleveland, wurde 1920 mit der American Professional Football Association die erste Profiliga gegründet. Um dieses historische Ereignis entsprechend zu würdigen, wurde der Ort 1962 als Sitz der Pro Football Hall of Fame auserkoren – eine Ruhmeshalle des Profi-Footballs und Pilgerstätte für jeden American-Football-Fan.

In einem modernen, fünfteiligen Bau wird die Geschichte des Profifootballs lebendig gemacht. Es kommen verschiedene Medien und Dokumente zum Einsatz – Filmausschnitte, Fotos, Radioübertragungen –, doch vor allem sind es die Erinnerungsstücke an große Spie-

Legendäre Profifootballer werden in der Pro Football Hall of Fame in Canton, Ohio, in Bronze verewigt

Einzigartig und sehenswert: der vielseitige Museumskomplex in Canton, vor den Toren Clevelands, widmet sich ganz dem Profifootball

ler, Mannschaften und Ereignisse, die die Fans in den Bann ziehen. Abgesehen von der Geschichte des Sports – interessant vor allem die Weiterentwicklung der Ausrüstung – stehen die berühmtesten Spieler der einzelnen Epochen im Mittelpunkt. Auch den derzeit 32 NFL-Teams und den jeweiligen Fans widmet das Museum eigene Ausstellungsbereiche. Schließlich kann der Besucher an mehreren Orten selbst aktiv werden, seinen Wurf testen oder auf großen Videobildschirmen Ereignisse des Profi-Footballs Revue passieren lassen.

Den Kern der Anlage bilden zwei Säle, die die eigentliche »Ruhmeshalle« bilden. Persönlichkeiten, auch Trainer und Funktionäre, die ein langwieriges Aufnahmeverfahren durchlaufen haben, sind hier in Gestalt von Bronzebüsten und anderen Memorabilien verewigt.

Abgesehen von den jährlich stattfindenden Zeremonien zur Neuaufnahme in die Hall of Fame, gibt es zahlreiche andere Events. Beliebt sind die regelmäßigen Autogrammstunden mit noch lebenden Ruhmeshallen-Mitgliedern und aktiven Spielern, doch die herausragende Veranstaltung ist das »Hall of Fame Game«: Zur Eröffnung der Vorbereitungssaison der NFL treffen im angrenzenden Stadion alljährlich zwei NFL-Teams während eines großen American-Football-Festes aufeinander.

Nächste Seite: Längst hat die Footballbegeisterung auch auf Deutschland übergegriffen

American Football in Deutschland

American Football ist in Deutschland längst keine Randsportart mehr. Insgesamt sind etwa 15 000 Aktive (Männer, Frauen, **Cheerleader** ←, Schiedsrichter) in über 200 Vereinen in den einzelnen Landesverbänden organisiert. Die einzelnen Verbände haben sich zum AFVD (American Football Verband Deutschland) zusammengeschlossen und sind Mitglied des DSB (Deutscher Sportbund). American Football ist hierzulande ein etablierter Sport, dessen nächster Höhepunkt die Weltmeisterschaft 2003 in Deutschland sein wird; Fernziel ist die Anerkennung als olympische Disziplin.

Zwar sind es die Teams der **NFL** ← **Europe**, die hierzulande für die meisten Schlagzeilen sorgen, doch auch die Bundesliga, die seit 1999 als GFL (German Football League) firmiert, kann sich sehen lassen. Zu Spitzenspielen, besonders bei den Aushängeschildern Braunschweig und Hamburg, pilgern schon einmal über 10 000 Fans ins Stadion und das Finale um die Meisterschaft kann leicht 20 000 Zuschauer und mehr anlocken. Deutschland gilt mittlerweile deshalb als stärkster American-Football-Standort außerhalb der USA.
Dieser Zuspruch ist um so erfreulicher, wenn man bedenkt, dass American Football in Deutschland gerade einmal 25 Jahre Geschichte auf dem Buckel hat. Es waren die Soldaten der US-Streitkräfte, die nach dem Zweiten Weltkrieg den Sport hierzulande praktizierten, und deutsche Sportbegeisterte, die nach USA-Reisen oder -Aufenthalten den American-Football-Virus in Deutschland einschleppten.

Es sollte jedoch bis 1978 dauern, ehe der erste deutsche Verein gegründet wurde:

die heute nicht mehr existierenden **Frankfurter Löwen**. Ein Jahr später folgte mit den **Düsseldorf Panther** der älteste noch aktive Verein und anschließend kamen die **Munich Cowboys, Ansbach Grizzlies, Bremerhaven Seahawks** und **Berlin Bears** ins Spiel. 1979 konnte erstmals eine deutsche Meisterschaft ausgetragen werden, die erwartungsgemäß die **Frankfurter Löwen** gewannen.

1979 wurde der AFBD (American Football Bund Deutschland) aus der Wiege gehoben, der allerdings schon im folgenden Jahr einen Konkurrenten in Gestalt des AFV (American Football Verband) erhielt. Zwei Jahre später löste man diese wenig zweckdienliche Konstellation mit der Neugründung eines gemeinsamen Verbandes, des bis heute für die Belange des Sports zuständigen AFVD, auf. Ihm zur Seite stehen seit 1983 die einzelnen Landesverbände, die sich um den American Football in den einzelnen Bundesländern kümmern.

Die GFL (German Football League)

Am 4. August 1979 fand zwischen den Frankfurter Löwen und Düsseldorf Panther das erste Ligaspiel in Deutschland vor rund 4400 Zuschauern statt. Die Löwen gewannen diese Partie mit 38:0 und krönten die erste Bundesliga-Saison mit einem 14:9-Erfolg im Finale gegen die Ansbach Grizzlies. Der erste deutsche Meister im American Football stand fest.

In der Folgezeit wurden mehr und mehr Mannschaften gegründet und die Ligastruktur änderte sich ständig. Erst 1991 einigte man sich auf den bis heute gültigen Aufbau der ersten Bundesliga aus zwei regionalen Gruppen – Bundesliga Nord und Süd. Zunächst spielten acht, dann sechs Teams in jeder der beiden Gruppen. Die jeweils besten vier Mannschaften ziehen nach der re-

gulären Saison in die Playoffs ein, wobei die besser plat-
zierten Mannschaften gegen die schwächeren Heim-
recht genießen. Die beiden Topteams stehen sich dann
im Finale, dem German Bowl, an einem neutralen Ort
gegenüber.

1999 änderte man den Namen der Bundesliga in »GFL«
(German Football League), aufgrund der Namensähn-
lichkeit mit der **NFL** ← vor allem als Mittel zur besseren
Vermarktung gedacht. Sportlich gesehen dürfen die
zwölf Teams in der Nord- und Süd-Gruppe als die besten
Vereinsmannschaften Europas angesehen werden, wie
zuletzt der EM-Titel der deutschen Nationalmannschaft
2001 bestätigte. Natürlich spielen auch heute noch
amerikanische Spieler tragende Rollen, doch dürfen jeweils nur acht im Kader aufgelistet sein und nur zwei
der elf Spieler auf dem Spielfeld einen US-Pass haben.
Zumeist handelt es sich bei den Fremdakteuren um
ehemalige College-Spieler, die den Sprung in die NFL
oder **CFL** ← nicht geschafft haben. Obwohl die GFL mit
dem Tempo und der Variabilität der NFL oder dem College Football natürlich nicht mithalten kann, ist das Niveau hoch und amerikanische Akteure wie Trainer sind
vom Engagement und Umfeld der Liga stets positiv
überrascht.

*In der GFL
ermitteln die
zwölf besten
deutschen
Teams all-
jährlich ihren
Meister*

*Links:
Im deutschen
Football spielen
immer noch
amerikanische
Akteure die
Hauptrollen*

101

Die deutschen Meister

1979	Frankfurter Löwen
1980	Frankfurter Löwen
1981	Ansbach Grizzlies
1982	Ansbach Grizzlies
1983	Düsseldorf Panther
1984	Düsseldorf Panther
1985	Ansbach Grizzlies
1986	Düsseldorf Panther
1987	Berlin Adler
1988	Red Barons Cologne
1989	Berlin Adler
1990	Berlin Adler
1991	Berlin Adler
1992	Düsseldorf Panther
1993	Munich Cowboys
1994	Düsseldorf Panther
1995	Düsseldorf Panther
1996	Hamburg Blue Devils
1997	Braunschweig Lions
1998	Braunschweig Lions
1999	Braunschweig Lions
2000	Cologne Crocodiles
2001	Hamburg Blue Devils

Der Unterbau

Bei der weiteren strukturellen Untergliederung des American Football in Deutschland hat man sich nicht von den USA leiten lassen. So gibt es den hierzulande gewohnten Auf- und Abstieg sowie die von anderen Sportarten bekannten untergeordneten Ligen. Eine Zunahme der Vereine hat dafür gesorgt, dass es insgesamt vier unter der GFL gibt: 2. Bundes-

Rechts:
Unterhalb der
GFL tummeln
sich zahlreiche
Mannschaften
in den »klei-
nen« Ligen

liga, Regionalliga, Oberliga und Landesliga. Die Erfahrungen der letzten Jahre haben gezeigt, dass Vereine aus verschiedenen Gründen oft nach kurzer Zeit wieder von der Bildfläche verschwinden und das gab Anlass für die Entscheidung, dass jede neue Mannschaft erst einmal eine Testsaison absolvieren muss, ehe sie in den regulären Spielbetrieb mit Auf- und Abstieg integriert wird.

Umfangreicher Ligenbetrieb

Das gestiegene Niveau und die Professionalität der GFL haben dafür gesorgt, dass heute die zweite Bundesliga in etwa dem Niveau der ersten Liga vor wenigen Jahren gleichkommt. Wie in der GFL spielen in der 2. Bundesliga derzeit zwölf Teams, die in zwei regionale Gruppen, Nord und Süd, aufgeteilt sind. Ähnliches gilt für das sportliche Niveau der dritthöchsten deutschen Spielklasse, der Regionalliga: Heute hätte so manche Zweitliga-Mannschaft der 1990er Mühe, sich gegen diese Teams zu behaupten. Mit der Regionalliga beginnt eine stärkere regionale Aufgliederung, derzeit existieren Regionalliga Nord-Ost, West, Mitte und Süd. Noch mehr zergliedert ist dann die vierthöchste Klasse im deutschen American Football, die Oberliga. Derzeit spielen die Mannschaften in sechs regionalen Gruppen, nämlich Nord, Ost, Hessen, Rheinland, Pfalz und Bayern (»Bayernliga«). Unter der Oberliga tummeln sich meist Anfängermannschaften. Es handelt sich um die Verbands- (Nord bzw. Baden-Württemberg) oder Landesligen (Nord bzw. Bayern), die je nach Mitgliederzahl regional weiter unterteilt sind.

Die Nationalmannschaft

Schon 1981 gab es erste internationale Vergleiche der deutschen Nationalmannschaft mit anderen europäischen Football-Verbänden. Da seit 1983 alle zwei Jahre eine Europameisterschaft und seit 1999 alle vier Jahre ein Weltmeisterschaft ausgespielt werden, hat die Na-

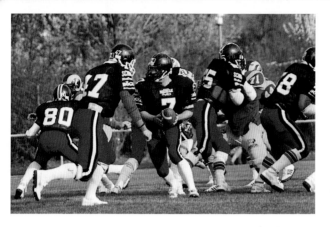

Zu den Traditions- mannschaften des deutschen Football gehören die TSV Königs- brunn Ants

tionalmannschaft in den letzten Jahren eine beachtliche Aufwertung erhalten und träumt nun sogar von Olympia. Seit einigen Jahren wird auch die Jugend verstärkt gefördert und der AFVD unterhält eine Jugend-Nationalmannschaft, die 2000 die erste Jugend-Europameisterschaft gewinnen konnte. Im gleichen Jahr zog die erste Mannschaft mit dem Nachwuchs gleich: In Hanau holte sich die deutsche Nationalmannschaft im Sommer 2001 erstmals den Europameistertitel und träumt nun von der Weltmeisterschaft. Übrigens: Die erste WM konnte 1999 in Italien die Auswahl Japans vor Mexiko für sich entscheiden; Deutschland konnte sich damals nicht für die Finalrunde qualifizieren.

Die Europameister	
1983	Italien
1985	Finnland
1987	Italien (Deutschland Zweiter)
1989	Großbritannien
1991	Großbritannien
1993	Finnland
1995	Finnland
1997	Finnland
2000	Finnland (Deutschland Zweiter)
2001	Deutschland

Die NFL Europe

Wie der Name es andeutet: Die NFL Europe ist ein Tochterunternehmen der amerikanischen Profiliga **NFL** ←. Zu den Zielen der Liga gehören die Popularisierung des American Football in Europa aber auch das Testen junger Talente für die NFL. Daher tummeln sich in den Kadern der derzeit sechs Mannschaften vorwiegend US-Spieler, die bei einem der 32 NFL-Teams unter Vertrag stehen und in der NFL Europe Spielpraxis sammeln sollen. Kritiker der Liga meinen, dass es der NFL nicht vorrangig um die Verbreiterung der Fanbasis ginge, sondern eher darum, Europa als neuen Absatzmarkt für ihre Lizenzprodukte zu gewinnen. Ein Funken Wahrheit mag dem zweifellos innewohnen, doch unumstritten ist, dass sich die NFL auch bemüht, den Sport hierzulande populär zu machen. Enorme Zuschauerzahlen, gerade bei den drei deutschen Mannschaften in Berlin, Frankfurt und Düsseldorf, belegen, dass American Football in Europa längst keine Randsportart mehr ist.

Schon 1991 hatte die NFL, damals zusammen mit dem Fernsehsender Fox TV, versucht, eine »World League of American Football« (WLAF) zu etablieren. Doch die Liga, bestehend aus drei europäischen und sieben amerikanischen Teams, erwirtschaftete in kurzer Zeit rund 40 Millionen Dollar Minus und der Ligabetrieb wurde zwei Jahre später wieder eingestellt.

1995 unternahm die NFL einen zweiten erfolgreicheren Anlauf:
Die World League, seit 1998 »NFL Europe« genannt, mit Sitz in London, floriert und die sechs Mannschaften locken Zehntausende begeisterter Fans in die Stadien in Amsterdam, Barcelona, Berlin, Düsseldorf, Frankfurt und Glasgow.

Rechts: Die beiden bekanntesten deutschen Footballspieler: der inzwischen abgetretene Martin Burgsmüller und Patrick Venzke (Jacksonville Jaguars)

Dass die NFL Europe tatsächlich ein Sprungbrett in die NFL ist, haben seit 1991 über 250 Talente erfahren, die nach einem Engagement in Europa in die beste Liga der Welt aufrückten. Zu den Berühmtesten gehört zweifel-

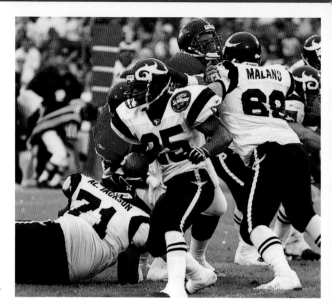

Zu den beliebtesten NFL-Europe-Mannschaften zählen die Rhein Fire aus Düsseldorf

los **Quarterback** ← Kurt Warner, der 1999 die St. Louis Rams zum **Super Bowl** ← führte und 2002 mit ihnen Vizemeister wurde. Unter den deutschen Spielern sind die Erfolgsquoten geringer: Viele ergreifen zwar gern die Chance, sich im 43-Mann-Kader eines NFL-Teams zu bewähren, doch angesichts der 35 an US-Boys vergebenen Plätze bleiben nur acht für internationale Spieler übrig. Diese wenigen »Ausländer« sind meist die Publikumslieblinge und konstante Größen im Team. Anders verhält es sich mit den US-Spielern in der NFL Europe: Sie dürfen nicht länger als vier Jahre in Europa spielen.

Die NFL Europe Teams

Amsterdam Admirals
Barcelona Dragons
Berlin Thunder
Rhein Fire (Düsseldorf)
Frankfurt Galaxy
Scottish Claymores (Glasgow)

World-Bowl-Übersicht

1991	London Monarchs – Barcelona Dragons	21:0
1992	Sacramento Surge – Orlando Thunder	21:17
1995	Frankfurt Galaxy – Amsterdam Admirals	26:22
1996	Scottish Claymores – Frankfurt Galaxy	32:27
1997	Barcelona Dragons – Rhein Fire	38:24
1998	Rhein Fire – Frankfurt Galaxy	34:10
1999	Frankfurt Galaxy – Barcelona Dragons	38:24
2000	Rhein Fire – Scottish Claymores	13:10
2001	Berlin Thunder – Barcelona Dragons	24:17
2002	Berlin Thunder – Rhein Fire	26:20

Viele Zuschauer der NFL Europe interessiert die Show mehr als das Spiel

Nächste Seite: Einzug der Gladiatoren. Die Spieler der Frankfurt Galaxy laufen unter dem Jubel der Fans im Frankfurter Waldstadion ein.

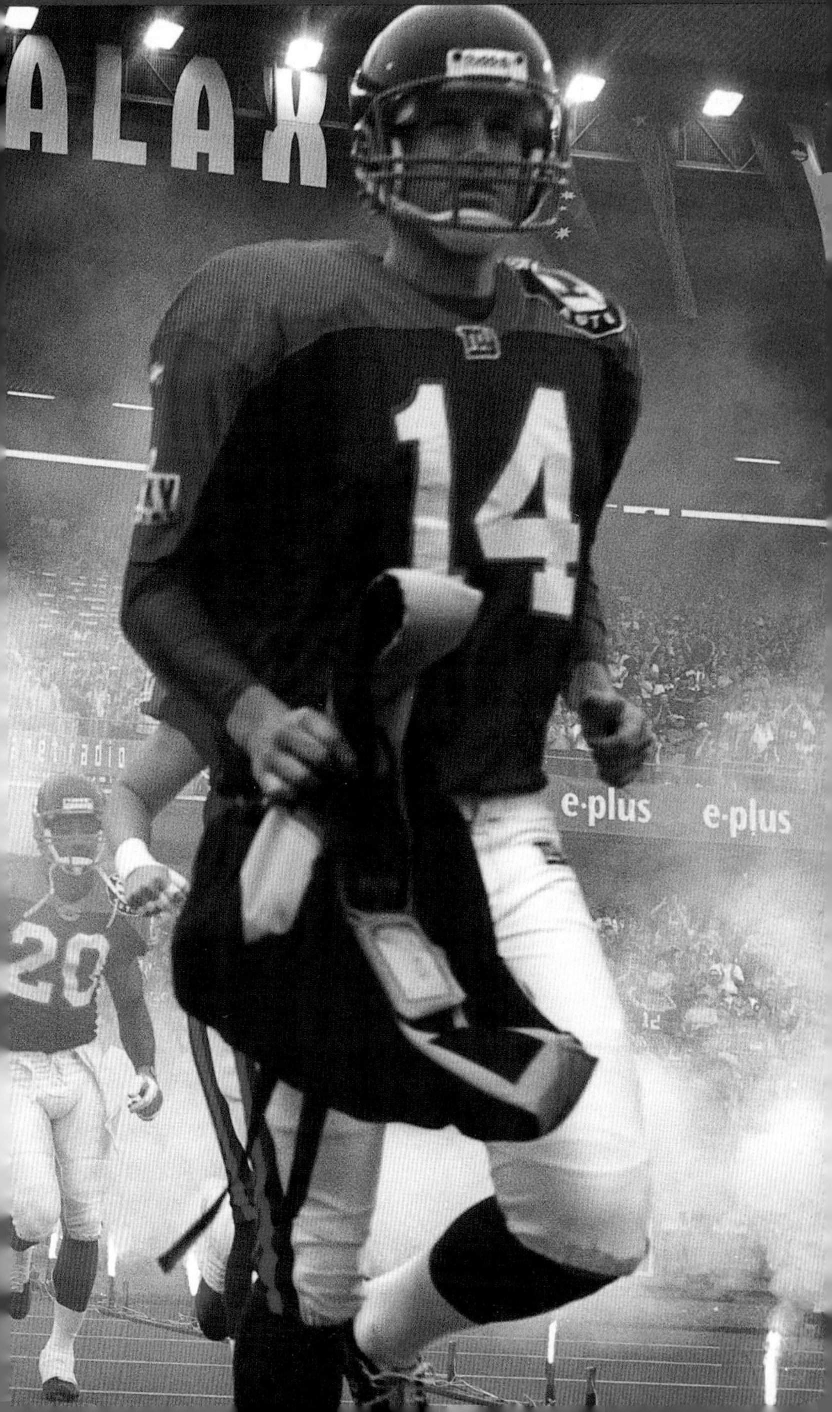
GALAX
14
20
e·plus
e·plus

American Football als Breitensport

Gemeinsames Ziel aller Beteiligten – der NFL Europe und der Verbände – ist es, American Football als Breitensport zu etablieren, und dazu wird das Hauptaugenmerk auf die Jugend gelegt. Abgesehen von der Existenz einer eigenen Nationalmannschaft und einer Jugend-Bundesliga wird American Football in letzter Zeit verstärkt als Schulsport forciert.

Jugend-Football

In den American-Football-Hochburgen Hamburg, Berlin, Niedersachsen, Nordrhein-Westfalen und Bayern gibt es unterschiedliche Leistungsklassen im Jugend-Football. Um auch in diesem Bereich über ein Aushängeschild zu verfügen, wurde vor zwei Jahren »GFL Juniors«, eine eigene Jugend-Bundesliga, ins Leben gerufen. In vier regionalen Gruppen spielen hier jeweils vier Nachwuchsmannschaften um Punkte. Am Ende stehen sich die beiden besten Teams im »Junior Bowl« gegenüber und ermitteln den deutschen Jugendmeister.

Flag Football

Beim Flag Football handelt es sich um eine »entschärfte« Variante des American Football. Zwar stehen hier wie dort Ballbeherrschung, Schnelligkeit, Konzentration und Teamgeist im Mittelpunkt, doch spielt man Flag Football ohne Ausrüstung, Körperkontakt ist tabu. Statt den Angreifer abzublocken oder umzuwerfen, genügt es, wenn der Verteidiger eine Flagge (Flag) vom Gürtel des Angreifers reißt. Das Spielfeld ist kleiner und nur fünf (manchmal drei) Spieler pro Mannschaft kommen zum Einsatz. Flag Football ist mittlerweile nicht nur in den USA in allen Altersgruppen und bei beiden Geschlechtern (es gibt auch gemischte Teams) beliebt, sondern soll als eigenständige Sportart mit eigenen Regeln und nationalen und internationalen Meisterschaften weltweit vermarktet werden. So setzt auch der

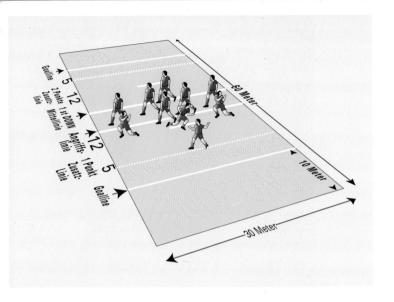

AFVD in den Flag Football große Hoffnungen. Einmal als offizielle Schulsportart etabliert – besonders in Bayern wird bereits an vielen Schulen gespielt – hofft man, viele Jugendliche für American Football begeistern zu können.

So spielt man Flag Football

Flag Football könnte sich zum Freizeitsport für die ganze Familie entwickeln. Laufen, Werfen und Fangen stehen im Mittelpunkt , Körperkontakt ist verboten und schon fünf Spieler bilden eine Mannschaft. Man spielt ohne kostspielige Ausrüstung, ein größeres Stück Rasen mit ein paar gezogenen Linien genügt (siehe Graphik) und besondere Kräfte oder Fähigkeiten sind nicht nötig. Die Mannschaft im Ballbesitz bildet die **Offense** ← und versucht den Ball in die **Endzone** ← zu bringen. Die **Defense** ← möchte das verhindern und setzt alles daran, dem Ballträger die Flagge vom Gürtel zu reißen. Gelingt dies, hebt der Verteidiger den Arm mit der abgerissenen Flag hoch und der Spielzug ist an dieser Stelle beendet.

Jeder Spielzug beginnt an der Angriffslinie. Der **Center** ← »snapt« den Ball zum **Quarterback** ←, der passen kann (alle anderen vier Spieler dürfen fangen) oder den Ball einem Läufer übergibt. Laufspielzüge sind 5 m vor der gegnerischen Endzone verboten. Der Quarterback hat sieben Sekunden Zeit um eine Aktion einzuleiten, dabei kann er auch von den Verteidigern angriffen werden, die zuvor jedoch 7 Meter von der Anspiellinie entfernt aufgestellt sein müssen. Sie dürfen den Quarterback nur an der Flag ziehen; Blocken oder zu Boden reißen ist verboten. Vier Versuche hat die Offense, um

*Kein Grund zur
Sorge: Flag
Football soll
Jugendliche
zum American
Football führen*

vorwärts zu rücken und schafft sie die erforderlichen 10
Yards/Meter, erhält sie vier weitere Downs. Gelingt es
der Offense, den Ball in die Endzone zu befördern, werden ihr für den **Touchdown** ← sechs Punkte gutgeschrieben. Danach gibt es zwei Möglichkeiten eines Zu-
satzversuchs: ein Passspielzug an der 5-Meter-Linie gibt
einen Punkt, einer von der 12-Meter-Linie zwei. Außer
einer Intereception-Return kann die Defense auch
einen **Safety** ← (zwei Punkte) erzielen, wenn es gelingt,
dem angreifenden Ballträger die Flag in dessen eigener
Endzone abzureißen.

Frauen-Football

Längst geben sich viele Frauen nicht mehr allein mit Cheerleading oder Flag Football zufrieden, sondern wollen »richtig« American Football spielen. Versuche mit Profiteams und -ligen in den USA gab und gibt es, doch weltweit hat im Frauen-Football Deutschland die Nase vorn. Kein Wunder, dass selbst die Amerikaner darüber staunen und die Deutschen für noch footballverrückter halten als sich selbst.

Die ersten Versuche im Frauen-Football gehen auf das Jahr 1987 zurück, als sich eine Spielgemeinschaft aus Hannover und Köln mit den Berlin Adler Girls zum ersten regulären und offiziellen Spiel traf, das Erstere 56:20 gewann. Trotz anfänglicher Vorurteile begeisterten sich immer mehr Frauen für den Sport und 1990 wurde ein geregelter Ligabetrieb ins Leben gerufen. Die erste offizielle Meistermannschaft – die Bamberg Lady Bears – wurde 1992 im »Ladies Bowl« ermittelt; danach avancierten die Berlinerinnen zur dominierenden Mannschaft in der Szene. Seit 1996 spielen die besten Teams in der neuformierten Damen-Bundesliga, die in zwei regionale Gruppen – Nord und Süd – aufgeteilt ist, um Punkte und Meisterehren.

American Football von A bis Z

(Hinweis: Die Namen der Fouls und Erläuterungen dazu finden sich im Kapitel »Die Akteure«)

Audible – plötzliche Änderung eines Spielzugs durch den Quarterback.

Backfield – Bereich hinter der Line of Scrimmage. In der Offense dürfen nur Spieler, die sich im Rückraum aufhalten, den Ball spielen, in der Defense steht hier die Defensive Secondary.

Blitz – mit einem blitzschnellen Anrennen auf den Quarterback versuchen die Verteidiger ihn, bevor er den Ball spielen kann, zu Boden zu werfen (Sack).

Blocking/Block – den Gegner mit dem Körper wegdrücken oder sich ihm in den Weg stellen. Wird in erster Linie von der Offense praktiziert (vgl. Tackling/Tackle ←).

Bootleg – dabei »versteckt« der Quarterback den Ball hinter einem Oberschenkel und versucht, die Abwehr zu täuschen, um mehr Zeit für einen Spielzug zu haben.

Bowl – Bezeichnung für einen Meisterpokal, Super Bowl ←.

Broken Play – nicht geplanter Spielzug.

Call – Bekanntgabe des Spielzugs durch den Quarterback sowie eines Fouls durch den Hauptschiedsrichter.

Catch – Fangen des Balles nach einem Pass, Punt oder Kick.

Center – Spieler in der Mitte der Offense Line, der den Snap ausführt.

Chain Crew – drei Schiedsrichterassistenten, die die 10-Meter-Kette (Chain) und den Downmarker tragen.

Cheerleader – die Anfeuerungscrew, im College Sport aus Männern und Frauen bestehend, die Akrobatik bieten; im Profisport meist rein weibliche Tanztrupps.

CFL – Canadian Football League.

Complete Pass – vollständiger Pass, d. h. von einem Offense-Spieler gefangener Pass.

Conference – die geografische Hauptunterteilung der Profiligen (s. auch Division) sowie häufig verwendete Bezeichnung für College-Ligen.

Corner – siehe Post.

Cornerback – Spieler der Defensive Secondary an der Außenseite, die als Passverteidiger agieren.

Count – mit einem abgesprochenen Signal (Zahlen-, Silbencode) gibt der Quarterback seinen Mitspielern den Start eines Spielzuges durch den Snap bekannt.

Counter – die Offense läuft gegen die von der Defense erwarteten Laufrichtung.

Dead Ball – »toter«, also nicht mehr spielbarer bzw. vom Schiedsrichter nicht freigegebener Ball.

Defense – Verteidigungmannschaft, d. h. das Team, das nicht im Ballbesitz ist.

Defensive End – Spieler, der am Ende der Defense Line aufgestellt ist.

Defensive Line – vorderste Linie der Verteidigung, die direkt an der Line of Scrimmage steht.

Defensive Secondary – Rückraumspieler der Verteidigung.

Defensive Tackle – Abwehrspieler in der Mitte der Defense Line.

Dive – Laufspielzug durch die Mitte, dabei »taucht« der Ballträger durch eine freigeblockte Lücke in der Verteidigung.

Double Coverage – zwei Verteidiger decken den Passempfänger.

Down – Bezeichnung für jeden der vier Versuche (First, Second, Third, Fourth Down), den eiförmigen Ball 10 Yards in Richtung Endzone zu tragen.

Downmarker – Anzeigeschild für Versuche (Downs).

Draft – Die Draft ist eine Einrichtung der Profiligen, die einmal jährlich dafür sorgt, dass Nachwuchstalente gleichmäßig und reibungslos unter den Franchises verteilt werden. Die schwächsten Mannschaften erhalten dabei grundsätzlich die Option auf die besten Talente.

Draw – Spielzug, mit dem ein Pass vorgetäuscht, aber ein Lauf ausgeführt wird. Damit soll die Verteidigung auseinandergezogen werden, um dem Läufer Platz zu geben.

Dreipunktstand – siehe Stance.

End Zone/Endzone – die beiden Bereiche jenseits des 100 Yards langen Footballfeldes, in die der Ball zu einem Touchdown getragen werden muss.

Extra Point/PAT (Point after Touchdown) – ein Punkt wird nach einem Touchdown gutgeschrieben, wenn es der Offense gelingt, den Ball durch die Torstangen und über die Querstange zu schießen.

Facemask – Gesichtsgitter, aber auch Bezeichnung eines Fouls, bei dem ein Spieler einem anderen ins Gitter greift.

Fair Catch – während der Ball bei einem Kick oder Punt in der Luft ist, deutet der Fänger mit Schwenken der Hand über den Kopf den Fair Catch an: Er will den Ball nur fangen, aber nicht loslaufen.

Fake – Täuschungsmanöver.

Fieldgoal – Feldtor, bei dem der Ball aus dem Feld durch die Torstangen und über die Querlatte geschossen wird. Es gibt dafür drei Punkte und es wird oft als Fourth Down eingesetzt.

First Down – erster Versuch, aber auch die Bezeichnung dafür, dass man die 10 Yards/Meter Raumgewinn und weitere vier Versuche erreicht hat.

Formation – Mannschaftsausstellung vor dem Snap.

Forward Pass – der nach vorn gespielte Ball. Pro Spielzug ist nur einer erlaubt.

Foul – Verstoß gegen die Regeln, wird mit Raum- oder Down-Verlust bestraft. Es gibt persönliche und technische Fouls, bei schweren Vergehen folgt ein Platzverweis (mit möglicher Sperre).

Free Ball – »freier« Ball, den sich jede der beiden Mannschaften schnappen kann.

Free Safety – Rückraumspieler der Verteidigung, der in der Mitte für die Passverteidigung zuständig ist.

Fullback – einer der Runningbacks von robustem Körperbau, da er meist Blockarbeit zu leisten hat oder den Quarterback bei einem Blitz schützen soll.

Fumble – das Fallenlassen des Balls durch einen Angreifer. Wer den »freien« Ball ergattern kann, erhält das Angriffsrecht.

Game Plan – Spielplan und Spielzüge, die vor einer Partie festgelegt werden.

Goalline – 0-Meter-Linie, die das Spielfeld von der Endzone trennt.

Gridiron – traditionelle Bezeichnung für das Footballfeld; wörtlich »Grill-« oder »Bratrost«

Guard – die beiden Linespieler der Offense, die links und rechts vom Center stehen.

Handoff – Ballübergabe an einen Spieler der eigenen Mannschaft.

Halfback – die schnellsten und wendigsten Ballträger der Offense.

Hang Time – Zeitspanne, in der sich der Ball nach einem Kick in der Luft befindet. Je länger der Ball »hängt«, umso höher ist die Chance der kickenden Mannschaft, den Return des Gegners schnell zu unterbinden.

Hashmark – kurze Striche, die das Spielfeld in drei Längsfelder unterteilen und in Meterabstand angebracht sind.

Holder – Spieler, der bei einem Kick den Ball vom Center erhält und ihn für den Kicker auf dem Boden platziert.

Huddle – Besprechung einer Mannschaft auf dem Spielfeld vor einem Spielzug.

I-Formation – Aufstellung der Offense, wobei hinter dem Quarterback zwei Runningbacks in einer Linie stehen.

Incomplete Pass – ein nicht gefangener Pass.

Interception – der Pass des Quarterbacks wird von einem Verteidiger abgefangen; die gegnerische Mannschaft erhält damit Angriffsrecht.

Judge – untergeordneter Schiedsrichter (Backfield/Line Judge) neben Umpire, Linesman und Referee.

Kickoff (Kick) – Anstoß zu Spielbeginn und zu Anfang

der zweiten Halbzeit sowie nach erzieltem Touchdown oder Fieldgoal (vgl. Onside Kick)

Kick Return/Kick Returner – Versuch der Mannschaft, die den Kick empfängt, den Ball so weit wie möglich zurückzuspielen; die Aufgabe übernimmt der Kick Returner.

Linebacker – Spieler der zweiten Verteidigungsreihe, die sowohl das Lauf- als auch das kurze Passspiel der Offense unterbinden sollen.

Line of Scrimmage (LoS) – gedachte Anspiellinie, dort wo der letzte Spielzug endete. Auf sie wird vor dem Anpfiff der Ball vom Schiedsrichter gelegt. Die LoS der Offense und die der Defense befinden sich jeweils an dem ihnen näher stehenden Ende des Balls; dazwischen befindet sich die neutrale Zone (Neutral Zone), in die nur der Center greifen darf, um den Ball zu spielen.

Man Coverage – Manndeckung, bei der jeder Verteidiger für einen bestimmten Offensivspieler zuständig ist. Das Gegenteil ist die Zone Coverage, wo ein bestimmter Raum von einem Spieler abgedeckt wird.

Linesman – untergeordneter Schiedsrichter.

Motion/Man-in-motion – vor dem Snap muss die Offense eine Sekunde lang ruhig verharren. Bei Bewegung gibt es eine Strafe; ein Spieler im Backfield (meist ein Receiver) darf als Einziger parallel zur Line of Scrimmage oder von ihr weg laufen.

NCAA – National Collegiate Athletic Association, die über den College Sport wachende Organisation.

NFL – Abkürzung für National Football League.

Neutral Zone – siehe Line of Scrimmage.

Nickel Back – zusätzlicher Passverteidiger.

Nickel Defense – Abwehrformation mit fünf statt vier Backs, die angewandt wird, wenn ein Passspielzug zu erwarten ist.

Nose Tackle – Linespieler der Defense, der dem Center gegenübersteht.

Offense – Angriffsmannschaft.

Offense Line – vorderste Angriffslinie bestehend aus Center, zwei Guards und zwei Tackles. Sie blocken für

Quarter- und Runningbacks und sollen diese zudem vor den Verteidigern schützen.

Offensive Tackle – die beiden Spieler der Offense Line, die jeweils am Ende der Reihe stehen.

Officials – Sammelbegriff für die Schiedsrichter.

Offside – Abseits, tritt dann ein, wenn ein Spieler vor dem Snap die neutrale Zone verletzt. Onside Kick – Kickoff, der so getreten wird, dass er etwas mehr als die erforderlichen 10 Yards/Meter überbrückt und von einem Gegner berührt wird, aber nicht kontrolliert werden kann. Auf diese Weise kann das Kick-Team den Ball selbst wieder aufnehmen.

Option – bei diesem Spielzug hat der Quarterback die Wahl zu passen oder selbst mit dem Ball zu laufen.

Out of Bounds – Ballträger oder Ball befinden sich außerhalb des Spielfeldes.

Pass Pattern – einstudierte Route, die der Receiver läuft, ehe er den Ball zugepasst erhält.

Pass Rush – Versuch der Abwehr, den Quarterback zu tackeln, bevor er passen kann.

Penalty – Strafe nach einer Regelverletzung.

Personal Fouls – unnötige Härte gegenüber einem Gegenspieler.

Pigskin – traditionelle Bezeichnung für den Football, wörtlich »Schweinshaut«.

Pitch – Ballübergabe des Quarterbacks an den Runningback, indem er ihm den Ball über eine kurze Distanz zuwirft statt ihn ihm direkt in die Hand zu legen.

Place Kicker – Spezialist eines Footballsteams, der für Kickoffs, Fieldgoals und PATs zuständig ist.

Play Action – Spielzug, bei dem die Angreifer einen Laufspielzug vortäuschen, dann jedoch einen Passspielzug durchführen.

Pocket – »Tasche«; Spieler der Offense, die nicht an einer Passroute beteiligt sind, bilden einen »Schutzwall« um den Quarterback.

Post – Passroute eines Receivers von der Außenlinie nach innen. Das Gegenteil wäre ein Corner: der Receiver läuft von innen Richtung Spielfeldecke.

Punt – damit schießt der Punter den Football weit in die gegnerische Hälfte und übergibt damit den Ball an die gegnerische Mannschaft, nachdem in den drei vorausgegangenen Downs die erforderlichen 10 Yards nicht zurückgelegt werden konnten.

Quarter – die einzelnen Spielviertel von je 15 bzw. 12 Minuten.

Quarterback – der Spielmacher, wichtigster Mann der Offense, da er die Vorgaben des Trainers auf dem Spielfeld umsetzt.

Receiver – Passempfänger; meist die schnellsten Spieler der Offense, auch »Wide Receiver« genannt. Außer ihnen dürfen von den Angreifern nur der Tight End und die Runningbacks den Ball fangen.

Recovery, auch »Fumble Recovery« – Erobern des »freien« Balles nach einem Fumble.

Red Zone – der Bereich zwischen 20-Yard/Meter-Linie und Goalline.

Referee – Hauptschiedsrichter von bis zu sieben Officials.

Return – das Zurücktragen des Balles nach Kickoff, Punt oder Interception.

Reverse – Spielzug, bei dem der Runningback den vom Quarterback erhaltenen Ball an einen weiteren Angreifer (meist Wide Receiver) abgibt, der dann in entgegengesetzte Richtung läuft.

Roll Out – der Quarterback bleibt bei einem Passspiel nicht im Pocket, sondern läuft vor dem Passen seitlich ins Backfield.

Runningback – Ballträger; man unterscheidet zwischen Fullback (Laufspiel meist durch die Mitte) und Halfback (Lauf über die Flanke, daher wendigerer und schnellerer Spieler).

Route – die Laufwege der Receiver sind festgelegt und mit einem Code versehen. Ruft der Quarterback diesen aus, muss der Receiver die entsprechende Route laufen um dort den Ball vom Spielmacher zu empfangen.

Sack – ein Verteidiger wirft den Quarterback zu Boden, bevor dieser einen Spielzug einleiten kann.

Safety (Spieler) – Spieler der Defensive Secondary, der für die Passverteidigung in der Mitte zuständig ist.

Safety (Punkte) – kann die Defense den Ballträger in der Endzone der Offense tackeln, erhält die Verteidigung zwei Punkte.

Safety Blitz – plötzlicher Angriff eines Safety durch eine Lücke der Offense Line auf den Quarterback.

Scramble – Versuch des Quarterback einem Sack zu entkommen.

Screen Pass – Pass parallel zur Line of Scrimmage um den Druck der Defense zu verringern.

Secondary – siehe Defensive Secondary.

Shift – plötzliche Umstellung der Offense-Aufstellung kurz vor dem Snap, um die Defense zu irritieren.

Shotgun – Angriffsformation, bei dem der Quarterback nicht direkt hinter dem Center auf den Snap wartet, sondern etwa 5–7 Yards/Meter hinter der Line of Scrimmage. Damit soll ein schneller Passspielzug ermöglicht werden.

Snap – Anspiel, bei dem der Center den Ball durch seine Beine nach hinten an den Quarterback, Holder (beim Kick) oder Punter weitergibt und so den Spielzug eröffnet.

Special Teams – Spieler, die nur in speziellen Spielsituationen wie beim Kick (Fieldgoal), Punt oder Return zum Einsatz kommen.

Split End – Linespieler der Offense, der ganz außen steht und als Ballfänger fungieren kann.

Sneak – der Quarterback läuft oder wirft sich sofort nach dem Snap mit dem Ball nach vorne. Wird angewandt, wenn man nurmehr wenige Zentimeter Raumgewinn für einen First Down benötigt.

Stance – Stand des Spielers. Man unterscheidet den Two-Point-Stance (auf beiden Beinen), den Three-Point (mit einer Hand am Boden; an der LoS) oder Four-Point (beide Beine und beide Hände auf dem Boden aufgestützt).

Strong Saftey – Passverteidiger, der sich im Defensive Backfield gegenüber dem Tight End aufstellt.

Strong Side – Seite der Offense, wo der Tight End Aufstellung nimmt.

Super Bowl – *der* S.B., das große Finale der NFL.

Sweep – Laufspielzug, bei dem der Ballträger seitlich an der Verteidigung herumläuft. Das Gegenteil ist der Dive, der Lauf durch die Mitte.

Tackling/Tackle – Festhalten und Zubodenbringen des Ballträgers durch Spieler der Verteidigung (vgl. Blocking/Block).

Tackle (Spieler) – Bezeichnung für spezielle Linespieler; der Offensive Tackle steht neben dem Guard auf der Außenposition, der Defensive Tackle gegenüber den Offensive Guard.

Tailgaiting/Tailgate Parties – eine amerikanische Institution, ohne die vor allem Football unvorstellbar wäre. Lange vor dem Spiel finden sich die Fans um das Stadion herum ein und veranstalten ein großes Picknick.

Tailback – der Runningback, der am weitesten entfernt von der Line of Scrimmage Aufstellung nimmt.

Tight End – Linespieler der Offense, der außen neben dem Tackle steht und zugleich als Ballträger und Passempfänger fungieren kann.

Threepoint Stance – siehe Stance

Timeout – Auszeit, jedem Team stehen pro Halbzeit drei zur Verfügung.

Touchback – dabei geht der Ball bei einem Kickoff oder Punt in die Endzone oder rollt von dort ins Aus; er ist »tot«. Das Spiel beginnt danach wieder an der 20-Yard/Meter-Linie.

Touchdown – den Ball in die Endzone befördern; wird mit sechs Punkten belohnt.

Turnover – Ballverlust der Offense.

Two Minute Warning – zwei Minuten vor Ende einer Halbzeit zeigt der Hauptschiedsrichter die verbleibende Spielzeit an.

Umpire – untergeordneter Schiedsrichter.

Weak Side – jeweils die Seite der Offense, an der der Tight End *nicht* Aufstellung nimmt.

Wide Receiver – siehe Receiver.

Zone Coverage – siehe Man Coverage.

Anhang

Wichtige Adressen

AFVD (American Football Verband Deutschland)
Otto-Fleck-Schneise 12
60258 Frankfurt/Main
Tel. 069/96740267; Fax 96734148

AFVBy (American Football Verband Bayern)
Georg-Brauchle-Ring 93
80992 München
Tel. 089/15702390; Fax 15702237

SAFV (Schweizerischer American Football Verband)
Münzgraben 2
CH-3011 Bern
Tel. 0041/31/9113203; Fax 9113033

AFBÖ (American Football Bund Österreich)
Am Rollerdamm 2
A-1210 Wien
Tel. 0043/1/2637110; Fax 2691321

EFAF (European Federation of American Football)
Bantigerstrasse 15a
CH-3052 Zollikofen
Tel. 0041/31/9113203; Fax 91130

IFAF (International Federation of American Football)
79, rue Rateau
F-93120 La Courneuve
Tel. 0033/1/43111470; Fax 43141171

NFL (National Football League)
410 Park Avenue
New York, N.Y. 10022, U.S.A.
Tel. 001/212/758-1500; Fax 826-3454

NFL Europe
97-99, Kings Road
London SW3 4PA
Großbritannien
Tel. 0044/207/2253070; Fax 3765070

Büro in Deutschland:
Westernbachstrasse 47
D-60489 Frankfurt
Tel. 069/9782790; 97827999

Pro Football Hall of Fame
2121 George Halas Drive NW
Canton, Ohio 44708, U.S.A.
Tel. 001/330/456-8207

CFL (Canadian Football League)
Fifth Floor, 110 Eglinton Ave W
Toronto, Ontario M4R 1A3, Canada
Tel. 001/416/322-9650 – Fax 322-9651

American Football im Internet – eine Auswahl

www.afvd.de – Webpage des deutschen Verbandes
www.amfid.de – Private Seite mit dem besten Überblick
über die deutsche Szene und zahlreichen Links zu Ver-
bänden und Clubs
www.afvby.de – Webpage des bayerischen Verbandes
www.nfl.com – Webpage der nordamerikanischen Liga,
mit Links zu allen 32 Teams
www.nflshop.com – Internetshop der NFL
www.nfleurope.com – Alles über die europäische NFL-
Tochter, mit Links zu allen Teams
www.profootballhof.com – Webpage der Ruhmeshalle
des Profifootballs in Canton, Ohio
www.football-fan.de – Private Webpage mit Infos für
den Fan
www.usatoday/sports – Webpage der einzigen überre-
gionalen US-Tageszeitung, mit hervorragendem Sport-
teil

www.cnnsi.com – Webpage des bekannten US-Sport-magazins »Sports Illustrated«

www.thesportingnews.com – Webpage der informativen US-Wochensportzeitschrift

www.flagMag.com – Alles über Flag Football

www.coachingstaff.com/football – Die Webpage für Trainer

www.uni-giessen.de/~g2b2/ – Die Webpage für deutsche Schiedsrichter

www.football.at – Alles über Football in Österreich

www.americanfootball.ch – Alles über Football in der Schweiz

www.geocities.com/colosseum/sideline/4525 – Liste und Links zu allen europäischen Teams

www.cfl.ca – Alles über die kanadische Football-Liga CFL

www.cheerleading.de und www.cheerleading.com – Die beiden wichtigsten Webpages für das Cheerleading

www.ladiesfootball.de – Alles über Frauen-Football in Deutschland

www.gfl-juniors.de – Alles über die Jugend-Bundesliga

Lesestoff

Es gibt derzeit nur eine deutsche Football-Zeitschrift auf dem Markt, den »Huddle«. Das Heft erscheint wöchentlich (Tel. 030/82009359 oder www.huddle-verlag.de).